驛遊未盡

高雄車站百年物語
A century story of Kaohsiung Station

莊建華、莊天賜———著

總序

開啟高雄文史工作的
另一新頁

文化是人類求生存過程中所創造發明的一切積累，歷史則是這段過程記載。每個地方所處的環境及其面對的問題皆不相同，也必然會形成各自不同的文化與歷史，因此文史工作強調地方性，這是它與國史、世界史的差異所在。

高雄市早期在文獻會的主導下，有部分學者與民間專家投入地方文史的調查研究，也累積不少成果。惟較可惜的是，這項文史工作並非有計畫的推動，以致缺乏連貫性與全面性；調查研究成果也未有系統地集結出版，以致難以保存、推廣與再深化。

2010 年高雄縣市合併後，各個行政區的地理、族群、產業、信仰、風俗等差異更大，全面性的文史工作有必要盡速展開，也因此高雄市政府文化局與高雄市立歷史博物館策劃「高雄文史采風」叢書，希望結合更多的學者專家與文史工作者，有計畫地依主題與地區進行調查研究與書寫出版，以使高雄的文史工作更具成效。

「高雄文史采風」叢書不是地方志書的撰寫，也不等同於地方史的研究，它具有以下幾個特徵：

其一、文史采風不在書寫上層政治的「大歷史」，而在關注下層社會的「小歷史」，無論是一個小村落、小地景、小行業、小人物的故事，或是常民生活的風俗習慣、信仰儀式、休閒娛樂等小傳統文化，只要具有傳統性、地方性與文化性，能夠感動人心，都是書寫的範圍。

其二、文史采風不是少數學者的工作，只要對地方文史充滿熱情與使命感，願意用心學習與實際調查，都可以投身其中。尤其文史工作具有地方性，在地人士最瞭解其風土民情與逸聞掌故，也最適合從事當地的文史采風，這是外來學者所難以取代的。

其三、文史采風不等同於學術研究，書寫方式也與一般論文不同，它不需要引經據典，追求「字字有來歷」；而是著重到田野現場進行實際的觀察、採訪與體驗，再將所見所聞詳實而完整的記錄下來。

如今，這套叢書再添莊建華、莊天賜《驛遊未盡──高雄車站百年物語》專書出版，為高雄的文史工作開啟另一新頁。期待後續有更多有志者加入我們的行列，讓這項文史工作能穩健而長遠的走下去。

「高雄文史采風」叢書總編輯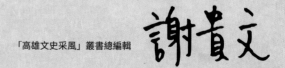

館長序

城市新玄關——
記憶所繫之處

高雄自 1900 年以來，隨著縱貫線南部段通車及港口的興築便捷了內陸貨運連結港口，加速了城市的興起及行政中心的轉移。1930 年代為了疏緩哈瑪星及鹽埕等舊市區的擁擠，一個擴及未來 40 年的城市規劃躍然出現於在人們眼前。1936 年提出的都市計畫中，高雄州廳預計新建高雄的第三代車站，也是本書的主角——高雄帝冠式車站。這座嶄新的車站於 1941 年落成啟用，直至 2002 年因為進行鐵路地下化先期工程而熄燈遷站。

很長一段時間，車站已融入市民日常生活的一部分，不僅是通勤、通學及交通轉運，更有將其圍繞於中心的旅宿業、補習班、計程車及各行各業。它不僅是交通樞紐、更是歷史建築及記憶象徵的城市地景。法國史學大師皮耶諾哈（Pierre Nora）在面對如何書寫法國史時，提出的「記憶所繫之處」（lieu de memoire），透過人類或時間的轉變，讓某個建築／物質成為社群的象徵代表。或許，當我們在訴說高雄城市的轉變時，帝冠式車站便是屬於高雄獨有的「記憶所繫之處」。每位過往的旅客及市民，都能在車站大廳、出站口或各個角落中找到屬於自己的記憶。透過公眾記憶交疊追溯帝冠式車站背後豐富且多元的歷史脈絡，使其了解高雄城市發展的面貌。然而，老車站曾因為建築工程關係險些拆除，是集眾人之力才得以保存，2021 年隨著鐵路地下化工程逐步完成，帝冠式車站才得以重回到眾人的視界。

高雄市立歷史博物館屬於城市的博物館，鐵道文化記憶的傳承與記錄，亦是我們重要的任務。因此，趁帝冠式車站二次遷移的時機，我們梳理了從1900年開始至今的五代車站的故事，同時也回顧了曾經因車站聚集的人群。其中，我們特別感謝謝明勳老師，在車站的歷史影像或專業意見上都給予很大的協力，去年高史博為記錄鐵路地下化工程的進行對於近20年來的城市地景地貌的改變，便以謝老師長期的影像紀錄為基礎出版了《新驛境‧鐵道記憶：高雄車站遷移及鐵路地下化紀念影像集》，這是全臺第一本忠實呈現即將消逝的鐵道地景影像紀錄，同時也將留在市民人們的記憶中，供日後人們回想高雄城市鐵道地景的憑藉。

今年，高史博2位研究人員的努力下將高雄帝冠式車站的前世今生，以主題故事形式，搭配文物、照片及文獻資料娓娓道來，期盼這2本記錄鐵道文化的專書能成為記錄高雄鐵路地下化重要的文獻資料。最後，亦感謝文化部、國家鐵道博物館籌備處、交通部鐵道局南部工程分局、臺灣鐵路管理局高雄工務段及高雄車站在文獻資料及經費上給予支持。讓高史博能為即將成為高雄新門戶的帝冠式車站留下一頁美麗的篇章。

高雄市立歷史博物館代理館長 李旭騏

推薦序

城市的遠見

2018 年 10 月，從左營到鳳山長達 15 公里的高雄市區鐵路，從地面上消失，改走地下隧道，沿線也增加了許多捷運化車站，及啟用新的高雄車站。時間往前倒轉 77 年，1941 年 6 月，一樣的地點，在大港庄廣袤農田間，矗立著新的帝冠式建築——高雄新驛，從逍遙園茶室就可以望見。

為什麼要將高雄驛，從繁華熱鬧的高雄港，大費周章，搬到這沒什麼住宅，也沒什麼店家的小溪旁呢？真是跌破大家的眼鏡。從歷史的軌跡看來，當時的決定，真是頗具魄力的遠見，它奠定了城市發展的基本盤，開創了未來發展的大格局，成為我們現在大都會面貌。

1940 年當時的田園風光，到了 1990 年，開始面臨新的都市規劃問題。例如，環繞市區的臨港線和平交道要不要廢止？高雄都會區捷運系統要不要興建？高速鐵路要不要進高雄站？高雄市區鐵路地下化從哪裡到哪裡？東臨港線也要地下化嗎？機務段檢車段是否要遷走？

然而，隨著時間軸的推移，所有的議題又聚焦回來高雄火車站。進入 2000 年，高雄帝冠式車站的遷移保存，三鐵共站的可能性，南北交通軸線中博地下道的替代，乃至新高雄車站的設計風格、車站特定區及都市更新策略等，都陸續浮上檯面，成為高雄市民關心、熱烈參與討論的議題。

於是我們將具歷史意義，乘載市民記憶的老車站保存下來，新一代的車站是對所有人展現歡迎與包容的生態綠建築。一百多年來阻隔都市南北的障礙都消除了，都市重新縫合，就連鐵路騰空之後的路廊，也捨棄另建高架快速道路，而是遍植樹木，以綠園道都市之肺，成為晨昏海陸風換氣的廊帶。

這正是高雄市中心再發展的現在進行式，我相信，再過十年、二十年，未來的高雄市民會說，那時候真有遠見啊！

交通部鐵道局南部工程分局正工程司、高雄市立歷史博物館典藏委員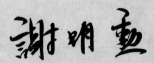

見證歷史、開創新局

彷彿是上天註定的緣分，和鐵路完全沒有相關背景的我在 26 歲那年進入臺灣鐵路管理局高雄站，開始了將近 40 年精采的鐵道職涯。從以站務員進入高雄站服務，到將以高雄站長退休，除了是臺灣鐵路首位女性特等站長以外，期間在高雄站 4 進 4 出，經歷高雄車站帝冠式車站、臨時車站以及地下化新站三代的變遷，可說是空前絕後的歷史紀錄！

這 20 年來高雄人共同見證了重要的變遷，帝冠式車站的遷移保存，19 年後再遷回原址成為新站的永久入口意象。連接南、北高雄的中博地下道變身為中博高架橋，服務 17 年後拆除。高雄臨時車站代替帝冠式舊站為旅客

服務 16 年半後功成身退拆除，這些都是高雄彌足珍貴的城市記憶，值得保存與傳承。

高雄車站承載著許多旅客和市民的期望，未來新車站全部完工後更是提供食、衣、住、行、育、樂全方位的車站。撫今追昔，感謝高雄市立歷史博物館在這重要的時刻編撰這本《驛遊未盡──高雄車站百年物語》，為這座與高雄市發展息息相關的車站留下紀錄，期待不久的將來，高雄車站能引領城市持續發光，再創高雄驛世紀！

臺灣鐵路管理局高雄車站站長　上官慧珠

目錄

城市玄關的百年物語

高雄帝冠式車站不僅僅是城市玄關、門戶，其特殊的建築特色及人文空間的構築，也成為城市文化內涵的表徵。古今中外，在諸多都市發展歷程中都能見到代表城市的重要車站，只要一見到就能立刻想起所在的城市名，舉凡如東京都內的「東京驛」、巴黎里昂車站（Gare de Lyon）、倫敦的十字車站（King's Cross Railway Station）及紐約的中央車站（Grand Central Terminal），無不證明車站本身不僅是重要交通的節點，更是觀光旅遊的熱門打卡點，及凝聚市民記憶的城市公共建築。

高雄帝冠式車站從 2021 年 7 月 26 日開始遷移後，逐漸返回中軸線。（謝明勳提供）

因此，2021 年（民國 110 年）9 月，帝冠式車站從暫時安置點逐日移回城市中軸線的過程，睽違 19 年，能再見證車站回到那熟悉的位置上，對於老車站有著深刻記憶的市民無不感動。高雄帝冠式車站不是僅日常的生活旅遊、工作的通勤出差、學生通學，人們都可以在車站中找尋屬於自我的獨特青春記憶。含淚的告別、幸福的團聚、送往迎來的人際互動，帝冠式車站可謂承載了上世紀幾代人的悲歡離合。

高雄帝冠式車站不僅作為交通門戶，更是高雄市重要地景。（本館提供）

高雄車站作為高雄城市的門戶，圖為 1995 年時的高雄車站。（施旺志提供）

見證城市發展的軌跡

早期南臺灣擁有稻米及砂糖等豐富農產品，為了運送農產品，多靠著牛車搬運，或利用河運進行運輸。然而，臺灣南北交通常因東西向的大河橫加阻斷，交通往來極為不便，在鐵道通車之前，利用牛車運送至鄰近港口後，再利用帆船運往他處，成為臺灣早期的運輸模式。這也說明俗話中「一府、二鹿、三艋舺」——臺灣城市發展的歷程均以「港口」為主。交通的不便，也造成旅途不順暢及高昂的南北貨運運輸成本。劉銘傳時期，曾一度計畫建設基隆至臺南的鐵道，但直至清末，也僅完成基隆到新竹間的鐵道。

日本領臺後，1898 年（明治 31 年）起臺灣總督府民政長官後藤新平以「殖產興業」為策略，廣作港灣、鐵道等基礎建設。因此，自 1899 年起縱貫鐵道興建便如火如荼的展開，鐵道興築是由南北兩端開始，縱貫線南部路段於同年 11 月起由打狗往北鋪設，1900 年 11 月完成打狗至臺南間縱貫鐵道。

縱貫鐵道全線於 1908 年完工，對於臺灣總督府統治在軍事方面能更快速動員和部署，有效嚇阻中南部的反抗運動。在經濟方面，也因鐵道通車，南北貨物得以相對迅速轉移，從基隆與高雄兩港快速流通至世界各地，使得臺灣整體經濟規模大幅成長；另外，旅客南北往來時間也能縮短至一日可達，且安全可靠。正因如此，縱貫鐵道的通車，可說是臺灣的第一次空間革命，不僅影響經濟發展，也默默改變了聚落發展樣態。

縱貫鐵道南部段的通車有效連結打狗與臺南間，串接橋仔頭新式糖廠。然而，當時位於南部農產及行政中心的鳳山仍僅有輕便軌道。為此，1907 年10 月後，縱貫鐵道南部路段興工延長至九曲堂間，成為首座跨越打狗川（今愛河）的鐵道橋，最初設鳳山、九曲堂二處停車場；後又增設三塊厝、後庄二處。1913 年（大正 2 年）縱貫線更延長至阿緱（今屏東），當時跨越下淡水溪的鐵道橋，在飯田豐二技師的督工下成為當時東亞最長的鐵橋。

完成築港工程及鐵道連結的高雄市區一帶，隨著移入人口不斷的增加，市區範圍亦不斷擴大。1936 年（昭和 11 年）高雄州公告「大高雄都市計畫」，提出設置「高雄新驛」，作為大高雄市區的中心點。「新高雄驛」於 1941

年 6 月 20 日正式啟用，成為「未來大高雄的玄關」。高雄新驛落成後，原位於新濱町的舊高雄車站改稱為高雄港驛，負責處理貨運運輸，達到客貨分流的目的。

1941 年高雄新驛啟用後，靠著「昭和通」（今中山路）的三線道連接仍屬市區的鹽埕及哈瑪星一帶，車站四周仍未發展。隨著工業移民的增加及經濟加工區吸納更多農村剩餘人力，高雄車站前後均快速發展。1960 年（民國 49 年），建國路貫通至鳳山，1970 年代九如路亦連接至鳳山一帶，帶動車站周邊的商業聚集，如站前的補習街、後站的皮鞋街等，帶來相當多人潮。為解決前後站動線及方便旅客出入，1971 年 10 月 31 日增建後火車頭，加速「後驛」及周邊區域發展，正因如此，增加的車潮及人流，為高雄車站周邊交通帶來挑戰，這才有了中山地下道的開發契機。

1990 年代高雄鐵路地下化議題浮上檯面，市民希望能推動地下化工程，解決市區鐵路橫亙所造成的土地分割、交通壅塞等諸問題。然而，進行鐵路地下化工程中，帝冠式車站的保存成為眾人討論的焦點。經過長期規劃，中央與地方終究對於鐵路地下化後帝冠式車站的保存達成共識，讓城市開發與文化資產保存取得了平衡，為高雄留下重要的城市記憶。2003 年，終在眾人的努力下，高雄帝冠式車站被指定為市定古蹟。

高雄車站是城市交通樞紐、其帝冠式建築樣式更是獨屬高雄的重要標的。帝冠式車站見證了站前商業繁榮，亦親歷城市半世紀的歷史脈絡。2002 年車站遷移暫置保存後，接續的都會區捷運系統、高速鐵路、鐵路地下化工程讓高雄市正進行一場翻天覆地的城市再造工程。

2018 年 10 月，當高雄鐵路地下化工程完成第一階段切換至地下軌道營運，結束了百年來地上鐵路所帶來的不便，對於既有路廊的處理，高雄市政府吸取了臺北鐵路地下化工程的經驗，以全然不同的思考邏輯，一面進行城市縫合的大工程，也連帶進行從左營至鳳山長達 15 公里的綠色廊帶——園道的鋪設。園道的建設除了提供市民通行、停車的需求，更成為都市中重要的休憩空間，成為地下化工程後最受矚目的公共工程。這 20 年來隨著鐵路地下化工程的推進，也改變了鐵路沿線居民的生活習慣，對於城市地景

亦是重要的翻新及改變。全部工程預計於 2025 年完工，高雄將迎來全新的門戶及城市意象。

談及高雄車站的專書、紀錄、論文及各類工程報告相當多元且各具特色，最早有 2001 年高雄市政府文獻會（杜劍鋒執筆）出版《高雄火車站今昔——南來北往人潮如湧六十秋》，是第一本以高雄車站為主題的專書，2016 年高雄市政府文化局委託國立成功大學執行「高雄市歷史建築——『高雄火車站』修復及再利用計畫」，其中由李文環執筆的歷史篇，亦整理出高雄車站百年的發展脈絡。

近期，謝明勳拍攝、執編的《新驛境‧鐵道記憶：高雄車站遷移及鐵路地下化紀念影像集》則是第一本以「影像」為素材，記錄高雄城市地景／地貌在這 20 年來因鐵路地下化而改變的過程——這本影像集不僅記錄了鐵路地下化工程的當下，更保存了高雄城市消逝的鐵道地景，是證明高雄市區地面曾有鐵道的重要歷史文獻。另外，2021 年為配合高雄車站二次遷移，《高雄文獻》第 11 卷 2 期以特刊形式，邀集了蔡侑樺、楊玉姿、謝明勳及鄭銘彰等學者專家針對高雄帝冠式車站撰寫專文，呈現帝冠式車站的建築語彙及 2002、2021 年的遷移過程。

為了能使市民、讀者能更容易閱讀本書，我們在上述學者們研究基礎上重新探討高雄車站近百年來的各項發展，嘗試多利用影像、文獻、越加豐富的歷史文獻，了解帝冠式車站的歷史脈絡。希望在閱讀的過程中，會與作者有相似的感覺——原來看似平凡的車站，竟是市民記憶的交匯點，無論哪個年齡層，都能在其中找到屬於自我記憶的瞬間。

因此，本書便以聚焦主角——「高雄帝冠式車站」的方式，從第一代車站開始講述，如何一步步由潟湖、鹽埕旁的車站，成為城市核心的樞紐——高雄鐵道的故事，也是城市擴張的軌跡。當然，帝冠式車站周遭的各行各業，作為門戶的交通轉運功能及面對遷移的過程，都是我們所要談的焦點，透過 10 個主題，讓讀者以一則則故事，了解帝冠式車站近百年的發展脈絡。

歷史總是在不同時空中，出現各種交錯疊加的巧合，例如1937年承作高雄新驛的建設公司，與2002年施工高雄帝冠式車站遷移的工程單位，同為清水建設或有所關係的企業。因此，我們也另外將這有趣的巧合以〈番外篇〉的形式補充於書末，讓本書充滿更多值得細品的故事。

2002年帝冠式車站遷移工程由清水建設在臺灣相關企業——吉普建設承包。（謝明勳提供）

第1講
高雄車站的前世

矗立於中山路，連接博愛路中軸線上帝冠式建築的高雄車站，是大多數高雄人記憶中熟悉的高雄車站。即便是不曾使用過的年輕人，也應該對前陣子討論得沸沸揚揚的車站遷移議題印象深刻。事實上，現今大多數人所熟知的高雄車站並不是高雄最早的火車站。在一百多年前高雄還稱為打狗的時代，第一代高雄車站落腳在今壽山山腳的鼓山一路。不同世代的高雄車站，恰反映了不同年代高雄城市發展重心與時代特色。以下，我們先來談談高雄帝冠式車站出現前的第一、二代高雄車站。

第一代高雄車站的誕生

臺灣的鐵路建設肇始於清治末期，惟路線只鋪設在新竹以北，中南部地區民眾想享受到火車「風馳電掣」的速度感，要等到日治時期。1899 年（明治 32 年）4 月，臺灣總督府成立臨時臺灣鐵道敷設部，專責興建縱貫鐵道；同年 11 月 8 日，臨時臺灣鐵道敷設部與通信部鐵道掛合併，成立臺灣總督府鐵道部，成為日治時期臺灣鐵道主要的管理機關，首要任務，便是加快興建縱貫鐵路。

縱貫鐵路的興建是由南、北兩端同時展開。其中，南部線以打狗（今高雄）為起點，第一階段先通車至臺南。過去南部線建設，陸軍原本有繞經鳳山再至打狗的規劃，鐵道部重新檢討路線，改為從楠仔坑（今楠梓）經半屏山東側、舊城（今左營）直達打狗路線。打狗至鳳山間，則另闢路線連結。

在打狗車站的選址上，日本當局選擇在打狗山（今壽山）山腳近打狗川支

流後壁港出口港灣的鹽埕埔庄作為車站所在地。1900年3月開始動工興建，同年11月28日，隨著縱貫鐵路南部線打狗至臺南段通車而正式營運，是為第一代高雄車站（時稱打狗停車場），準確位置在臺南縣興隆內里鹽埕埔庄148番地，大約在今高雄市鼓山一路87巷口一帶。

第一代高雄車站站體，是座以咾咕石為基礎的石造瓦覆平房建築，高約3.94公尺，面積54.284坪。屋前有面積3坪木造覆瓦的車寄，另有29.3坪木造覆瓦的連棟附屬建築。

1901年4月，陸軍特別在鳳山至哨船頭段的輕便軌道路線，於打狗車站前增設鹽埕埔車站，以利轉乘。1904年2月1日，南部線通車路段自臺南延長至斗六。同年3月，原由陸軍管理的鳳山至哨船頭輕便軌道移交鐵道部管理，鐵道部在既有的鹽埕埔車站外，又在鳳山、哨船頭兩端點設置車站，

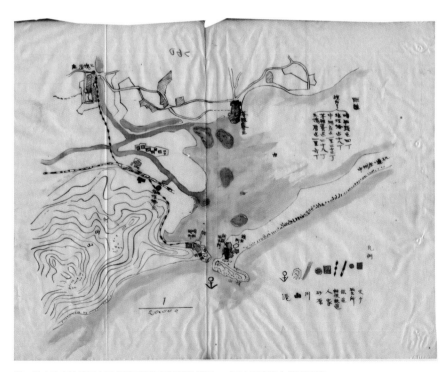

第一代高雄車站與鳳山至哨船頭間輕便軌道路線圖。（國史館臺灣文獻館提供）

1905 年時的第一代高雄車站。（國史館臺灣文獻館提供）

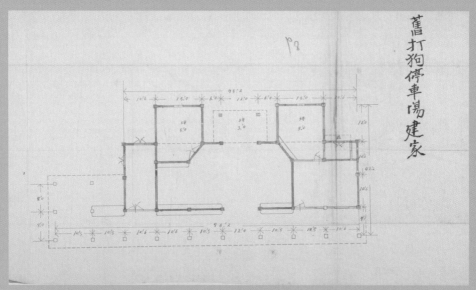

第一代高雄車站構造平面圖。（國史館臺灣文獻館提供）

1904 年南部線通車至斗六時的時刻表。（國史館臺灣文獻館提供）

1918 年完工的鐵道部廳舍。（《臺灣寫真大觀》）

自 4 月 1 日正式營運。1907 年 10
月 1 日，打狗經鳳山至九曲堂的鳳
山線通車，打狗車站成為南部線和
鳳山線交會的轉運車站。

位於哈瑪星的第二代高雄車站

由於第一代高雄車站後倚打狗山，
前臨後壁港，腹地狹小，且與打狗
港碼頭有段距離。1901 年（明治
34 年），臺灣製糖橋仔頭製糖所（今
橋頭糖廠）設立，在貨運量日增下，
站場空間漸感不敷使用。1904 年 6
月，鐵道部決定進行車站腹地擴建
填築工程，將車站往出海口方向搬
移。1905 年 12 月，鐵道部先將鐵
道從車站往填築地延伸，並在終端
興建倉庫，以便於貨物輸出入。

1907 年 8 月，填築工程完成，共填

新填築完成的新濱町。中央偏右上處可看到第二代高雄車站。
（《臺灣拓殖畫帖》）

1910 年代的打狗港第二岸壁，右側可看到「表岸壁線」鐵路。
（《南部臺灣寫真帖》）

進行填埋工程中的鐵道部埋立地。（《臺灣鐵道史》）

築了3萬8千多坪土地，填海造陸材料來自浚深打狗港所得的海底土砂。新填出的土地被稱為「鐵道部埋立地」，是現今被稱為「哈瑪星」的第一塊土地，範圍大致是今臨海一路往東到鐵道文化園區西界，濱海一路往南至第二船渠。除新車站設立於這裡外，鐵道部還鋪設往南延伸到今第二船渠北邊的濱線鐵路，並興建倉庫、碼頭等設施，為日後打狗港築港工程奠定基礎。

第二代高雄車站約略坐落於今鼓山一路「舊打狗驛故事館」位置，1908年10月20日隨基隆至打狗縱貫鐵路全線通車而啟用。車站主體是洋式木造建築，屋頂鋪和式屋瓦，門前設有車寄，內部區劃為辦公室、候車室及小型行李處理處等3個空間，總面積102.8坪，將近第一代的兩倍大。站內還規劃1間4.5坪的站務員室；1間1.5坪的檢車工室；1間1.9坪的公共廁所；1間6坪的大型貨物處理處；1間7.5坪的庫房；1間5坪的信號室；

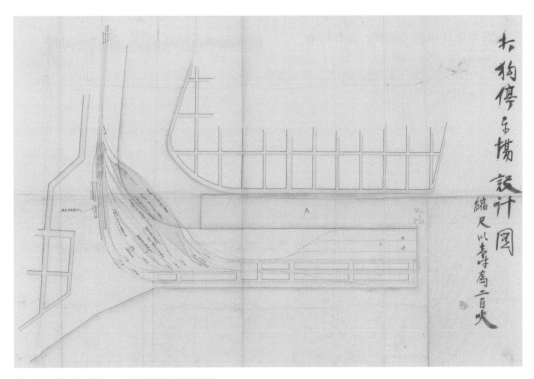

第二代高雄車站設計圖。（國史館臺灣文獻館提供）

（高雄山形屋發行）　　高雄港岸壁及裏岸壁　（二十六）

1930 年代的第二代高雄車站，可見到岸壁線、裏岸壁線及月臺。（本館提供）

第二代高雄車站的車寄。正步出車站者，是 1923 年來臺「行啟」的裕仁皇太子。（本館提供）

第二代高雄車站舊址，今為舊打狗驛故事館。（本館提供）

3間總坪數260坪的貨物倉庫；1間150坪的機關庫；1間109坪的客車庫，號稱當時臺灣規模最大的車站。車站內還有販售便當、零食等商品。

1910-1911年打狗水道興建期間，高雄車站成為優先供水對象。1911年，鐵道部在臺北車站前廣場新立縱貫鐵路興建功臣長谷川謹介（1855-1921）銅像，而將原來的噴水池遷移到高雄車站前，12月下旬遷移工程完工後，續在站前及噴水池周圍種植椰子樹等熱帶樹木，逐漸打造出車站的南國熱帶地標意象。但由於交通事故頻繁，高雄市役所一度與鐵道部研議，打算移除高雄車站前的椰子樹和噴水池。後因椰子樹搭配噴水池已是高雄車站獨特的南國景色，在反對聲浪高漲下，移除之議終止。

隨著打狗築港計畫的進展，鐵道部又先後把鐵道往岸壁和裏岸壁鋪設。1915年（大正4年），鐵道部將1900年設立在打狗鐵道工場的機關庫裁撤，

第二代高雄車站前的椰子樹和噴水池，
不僅是車站地標，也是城市地標。
（本館提供）

噴水池、椰子樹，使第二代高雄車站充滿南國熱帶風情。（本館提供）

1933 年高雄驛路線圖。（謝明勳提供）

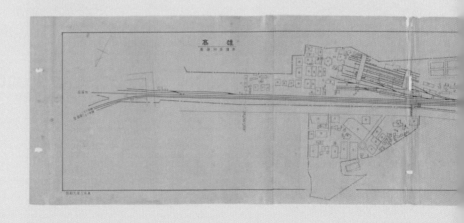

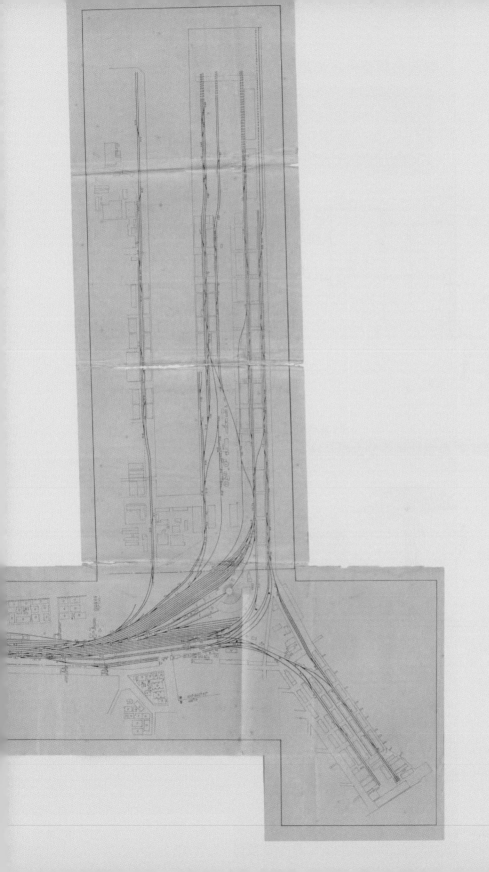

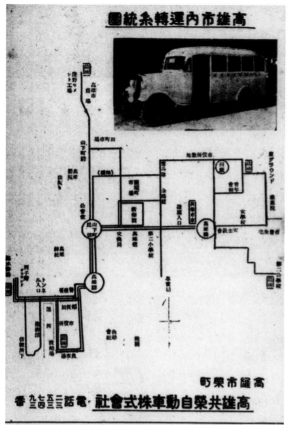

1930 年代的高雄市內公車系統，
高雄車站是重要的轉運站。
（《臺灣大觀》）

第二代高雄車站前停靠的公車。（本館提供）

改在第二代高雄車站東南方興建新的扇形機關庫（今臨海新路），並增加車站側線及站長室兼事務室，月臺頂棚、公共廁所等設施，車站設備越趨完備。

第二代高雄車站的貨物，除可藉由濱線及之後鋪設的岸壁線、裏岸壁線快速往來於港口碼頭外，搭火車來高雄的旅客，也可在車站附近轉乘渡船往苓雅寮、旗後及哨船頭等地區，或是利用站前排班的人力車前往其他地方。1913 年，臺灣同仁社開始以車站為中心，經營至市內各地均一價 10 錢的公共汽車。此後，高雄車站前逐漸發展成新興運輸工具──公共汽車的轉運中心，至（日治後期）第三代高雄車站誕生前，除開往市區各處均一價 10 錢的市內公車外，尚有經鳳山往屏東、經楠梓和橋頭往岡山，以及從吉井百貨往小港的客運路線；船運方面，則有往旗津、海口（今屏東縣車城鄉海口港）、馬公等地航線。

成為臺灣最大貨運站

配合 1908 年（明治 41 年）縱貫鐵路全線通車，以及 1909 年屏東平原阿緱糖廠完工啟用，第二代高雄車站啟用的第一個完整年度（1909 年），到站貨物呈現倍數成長，其中砂糖即占總量的 3/4；發送貨物量則僅次於基隆車站，且成長 5 成，以肥料居最大宗，超過總量 2 成──肥料主要用在蔗作改良上。由到站及發送貨物占比，可看出製糖業在日治初期南部經濟及高雄車站、高雄港營運上的重要地位。總計高雄車站的貨運總量以些微差距勝過基隆車站，為全臺最大的貨運車站。同年，高雄車站也達到新高客運量紀錄，次於臺北、臺南、嘉義、基隆、臺中等站，居各車站第 6 位。總計車站營收，高雄車站少於臺北、基隆、臺南，排名第 4 位。高雄車站的營收結構，與同樣擁有港口的基隆類似，以貨物收入居多數，其中高雄占 7 成 1，基隆占 6 成 8；臺北、臺南兩站則是以客運收入居多。

歷經兩期築港計畫（1908-1912、1912-1937）及城市規模擴大，高雄車站營收不斷成長，至第二期築港計畫結束次年（1938 年），高雄車站已經躍居為全臺收入最多的車站。其中，貨物收入占 7 成 3，較 1909 年略為提高，續穩居最大貨運車站地位，到站貨物仍以砂糖居多，但 5 成 8 比例已較

砂糖是高雄車站貨運收入的大宗。（本館提供）

日治中期，香蕉出口快速成長，成為高雄車站主要貨運物品之一。（本館提供）

第二代高雄車站因緊臨高雄港，貨運收入長期居全臺第車站之冠，
圖為高雄港上屋倉庫與鐵道聯結。（本館提供）

1909 年的 7 成 5 低，這是因為香蕉、鳳梨罐頭等亦成為高雄重要的出口物產；發送貨續以肥料較多，占約一半，較 1909 年大為提高，主因是肥料使用已普遍運用於各種農產品，不再只是甘蔗的專利。客運收入則次於臺北、臺南兩站，居全臺第 3；如以進出站乘客人數來看，高雄車站則次於臺北、基隆、臺南、臺中，排名第 5 位，無論是客運收入或使用乘客人數，均較 1909 年排名上升。

由於貨運量和客運不斷增加，第二代高雄車站開始出現空間及硬體設備不足的情況；高雄車站營收迭創新高，也反映高雄城市不斷快速發展。1930 年代後期，在疏解車站負荷，以及規劃市區往東擴張考量下，臺灣總督府開始在高雄川（今愛河）以東區域選擇第三代高雄車站用地，多數高雄人熟悉的高雄車站即將登場。

第2講

遷移到大港——
城市規劃下的
高雄新驛

這幅「昭和十二年（1937 年）高雄市街計劃圖」，發現於高雄市鳳山地政事務所的日治時期文書中。計畫圖中可以清楚看見都市計畫的輪廓，後人所熟知的一心、二聖等街廓已完成規劃。圖中清楚顯示著舊有市街——哈瑪星、鹽埕、旗津的聚落分布，連高雄川的東岸前金、苓雅及三塊厝亦可見城市擴張的規模。這張計畫圖可以充分顯示出 1937 年的當下高雄城市進程及未來進行式。其中，有形同城市邊界的臨港線、計畫用地北側的「新驛預定地」，都為高雄城市未來發展的想像提供了新元素。會進行這樣大規模的都市計畫，雖然突顯了臺灣總督府對於高雄港及高雄城市作為日本帝國南進基地的重視，更多的是解決高雄城市發展現有的問題。那什麼是「現有」的問題呢？

存於鳳山地政事務所日治時期文書中的高雄市街
計畫圖，可以說是 1937 年高雄城市發展的現況
及未來進行式的縮圖。（本館提供）

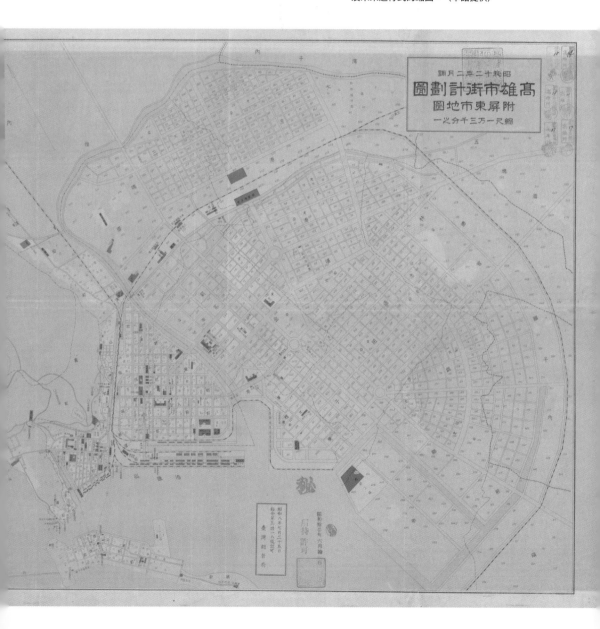

嫌惡設施？1930年後「踏切」（平交道）阻礙城市發展

伴隨著高雄築港工程的進行，市街日漸擴張，位於哈瑪星的高雄驛客貨運飛躍式的成長，也因為哈瑪星、鹽埕一帶的人口聚集，引發屬於現代化城市才會有的城市交通問題。此時，原為高雄港重要連結的鐵道運輸，在高度發展後，卻成為阻隔地區的紋理線。1930年代進出高雄驛的貨運轉運列車出入頻繁，所有船運貨物及輸出均仰賴鐵道運輸，導致進出列車調度異常忙碌。高雄驛也因為貨物線擴張過快，腹地受限，進而影響了車站的功能。舉例而言，鐵道南下進入左營後，沿著愛河右岸、壽山山麓一路南下，經過山下町至新濱町，鐵道形成屏障阻隔了高雄市區的哈瑪星與鹽埕兩大街區。位於今日五福路與鼓山路口的州廳前踏切，成為重要聯絡孔道，人潮往來相當頻繁。根據1932年（昭和7年）10月分統計，每日經過平交

1960年代位於五福四路的平交道。（本館提供）

道的行人、腳踏車、汽車等超過 2 萬餘次。加上，高雄驛又臨近南臺灣最大的鐵道工場——高雄鐵道工場，列車調度密集造成平交道遮斷時間超過五成，常有一等就是數分鐘的情形，造成車流、人潮回堵，交通壅塞的情形顯而易見。

為了解決交通壅塞情形，高雄市役所於 1934 年 1 月開工興築，於同年 11 月 10 日開放通車的「高雄市陸橋」，該陸橋位於山下町二丁目公會堂前，由田代組負責建造，為一鋼筋混凝土建造，跨越高雄鐵道工場及縱貫鐵道，主要的目的即為連結哈瑪星與鹽埕兩大街區，並紓緩因為平交道而造成的壅塞問題。這座陸橋也成為第一座跨越鐵路的立體交叉陸橋，戰後因街名而改稱為「大公陸橋」，2008 年（民國 97 年）西臨港線廢線，陸橋功能喪失，2012 年因地方民眾要求而拆除。

高雄市陸橋設計竣工圖。（國史館臺灣文獻館提供）

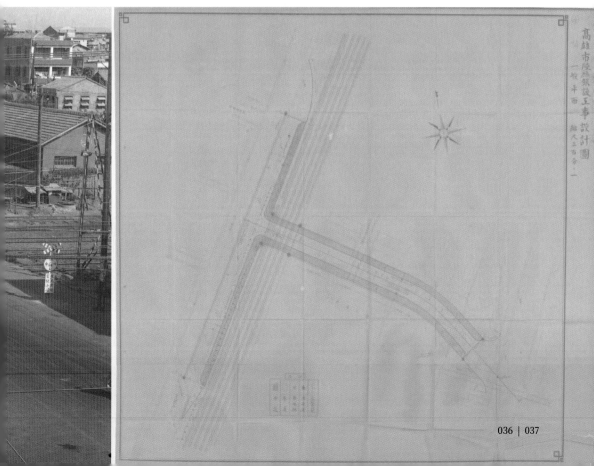

都市發展計畫中的高雄「新」驛

跨越鐵道的高雄市陸橋完成後，為解決當地平交道壅塞帶來顯著效益，陸橋也成為臺北市解決鐵道交通的參考。然而，深究新陸橋的設置，只能紓緩因平交道造成的交通問題，無法改善高雄驛腹地不足所導致的運輸量能瓶頸。

比起交通問題更為嚴峻的，是隨著城市日益擴大，越來越擁擠的城市用地問題。1910 年（明治 43 年）鹽埕與哈瑪星人口僅有 2 萬人，1932 年（昭和 7 年）時已翻漲數倍達到 7 萬人，但市街用地狹小，鐵路設施及鐵道工場均位於城市發展的精華地段，影響日常居民生活。為平衡城市發展方向，高雄州廳逐步調整都市計畫，首先於 1932 年公告「大高雄都市計畫」，並分別於 1935、1936 年公告細部計畫，將市區擴張到大港、三塊厝一帶，

高雄新驛興築時景象。（塗木誠治提供、本館典藏）

相當於今日前金、苓雅及新興一帶。1936年公告的都市發展計畫，則主要以計畫1965年人口達到40萬的城市規模進行規劃。這份都市計畫中，首先是在愛河（此時仍稱高雄川）的東岸，以土地使用目的規劃出商業區、住宅區及臺灣第一個工業區——戲獅甲工業區，並在各個商業區域中，設有綠帶及公園等緩衝地帶，完整的空間布局讓城市規劃更趨合理、宜居。

都市計畫中除了空間分布規劃，最需關注的是交通運輸是否合理規劃。如何將高雄特有的港口運輸及鐵道聯結合理納入，成為這份都市規劃中值得關注的焦點。因此，這份計畫中預計將象徵城市交通玄關的「高雄驛」，遷往尚未開發的大港一帶。正如本文一開始所出現的「昭和十二年高雄市街計畫圖」，才會在大港地區出現「新驛預定地」的圖示。

遷建高雄新驛的主要考量便是緩解哈瑪星地區人車雜踏的鐵道運輸、車站站區腹地不足等問題。還有一點要說明的是——位於哈瑪星，1908年9月15日啟用的第二代高雄驛，是當時為配合縱貫鐵道通車採用的臨時性站房。原初主要考量築港工程正在進行，待築港工程完工後，才會興築新的站房，因此車站的許多附屬設施，多沿用舊有建物，僅部分採新建；車站的興建並未衡量車站對於城市規劃的重要性，直到1930年代再度提出都市計畫，便以「高雄新驛」作為城市門戶的概念進行規劃。新設高雄驛計畫中，將周邊設施也一應規劃，如提供公共汽車、三輪車停靠的站前廣場、旅客服務所、鐵路食堂、公眾便所、月臺地下道等旅客服務設施，另有車站辦公室、檢車場、機關庫、宿舍區等。

其中，車站預定地雖位於尚屬城市新興區域的大港一帶，卻隱然形成一條城市中軸線——北起愛河南岸（今後驛一帶），南抵戲獅甲，透過幹線道路串連城際空間，以高雄車站為核心向外輻散。同時，為連接原有市區及新驛，高雄州重新規劃幹道，連接兩地。1939年，在高雄新驛啟用前兩年，連接州廳、市役所及鹽埕的50公尺寬三線道路開工，設計有圓環、椰子樹等道路設施，讓從高雄新驛進出的旅客，能對高雄市筆直寬敞的三線道路留下印象。這條道路為「三十九號道路」，與高雄市役所（今高雄市立歷史博物館）前，寬達40公尺的「一號道路」，透過圓環（今美麗島站）連接，不僅是當時高雄市，甚至是全臺灣最氣派的道路之一，為紀念其時的

昭和年代，命名為「昭和通」，也就是今日站前的中山路及中正路。1940年2月10日，更將州廳及市役所前的「大橋」改建為寬40公尺的鋼筋混凝土大橋，更增添三線道路宏偉的氣派感。

高雄新驛──城市發展的未來核心

新高雄驛新址位於「大港庄」，大港庄又稱「鰺港庄」，在新驛設站前有部分聚落，遍布林投、箣竹，並有一條狹窄的小路通往鹽埕，庄內只有一間小廟宇，即今日的大道公廟（舊大港保安宮）。相傳大港庄地勢低窪，新站預定地前即有一大水窟，為填平土地，鐵道部從九曲堂的山坡地挖取砂土進行回填。

都市規劃完成後，鐵道部隨即展開土地購置並實際進行設計，當時評估高雄新驛除站體、廣場、機關庫等其他設施，需要共近6萬坪的土地。1936年（昭和11年）政府開始進行土地收購，許多投資者聞風買賣土地，曾一度造成土地價格騰貴，後經高雄州斡旋，陸續完成土地收購及遷移當地聚落居民，同年6月完成所有收購。鐵道部指派坂本敏一技師為高雄驛改良事務所所長，針對新驛進行設計。

然而，1937年後，日中戰爭全面爆發，無論是工程資金或建材的取得、價格都大幅上漲，同時也使工程受到延誤。但作為帝國南進基地的高雄市仍被賦予重責，新驛於1937年11月1日動工，12月15日舉行地鎮祭（工程祈福儀式）。建造工程由清水組負責施作，整個高雄驛改良工程總經費共為305萬日圓，包含了車站本體、收購土地、保安設置、軌道工程、地下道、機關庫等經費，另建有上述所稱的聯絡道路。1940年車站主體工程完工，漸次進行相關測試工作，新驛以帝冠式建築風格為主，搭配站前廣場、三線道路的陸續完工，為營造南進基地的玄關，營造出恢宏氣勢。

高雄新驛本體設計畫圖。（國家鐵道博物館籌備處提供）

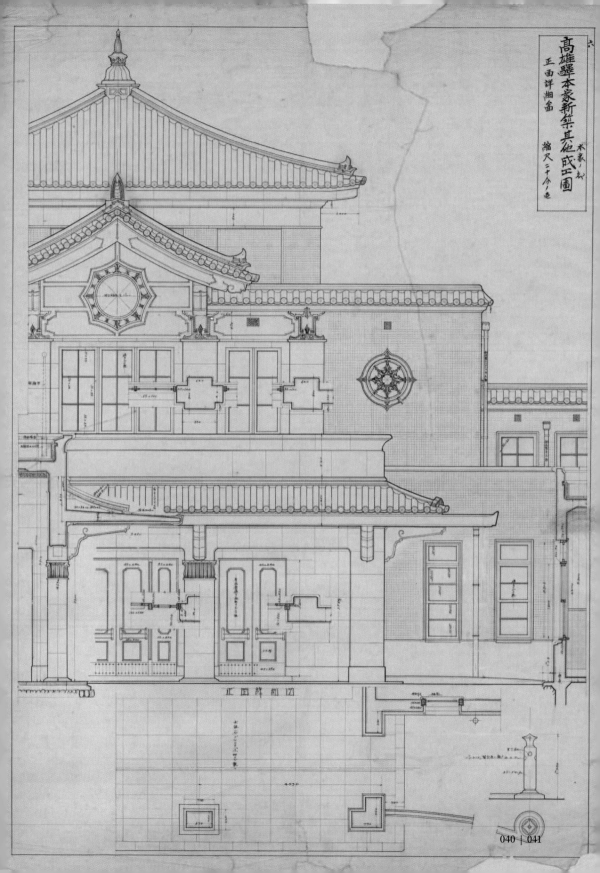

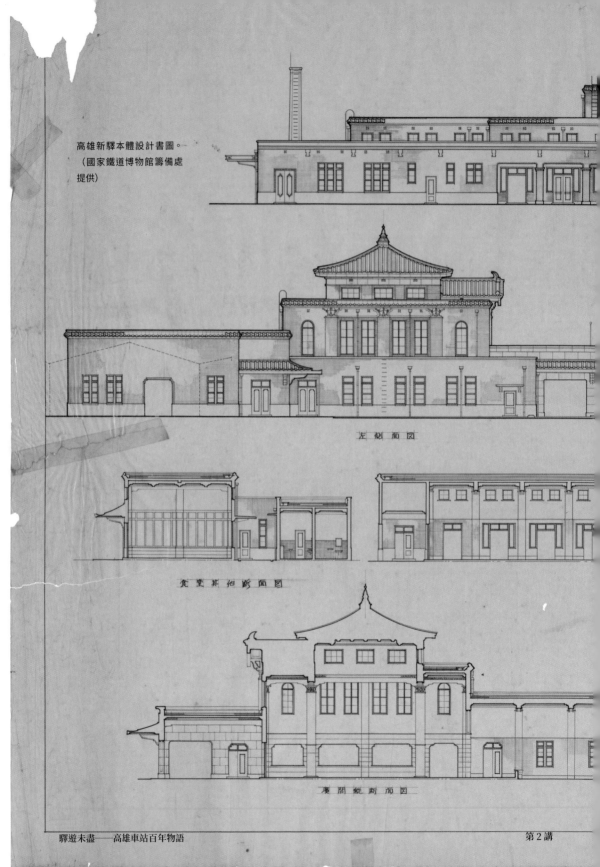

高雄新驛本體設計書圖。
（國家鐵道博物館籌備處
提供）

左側面図

寛室其他断面図

廣間縱断面図

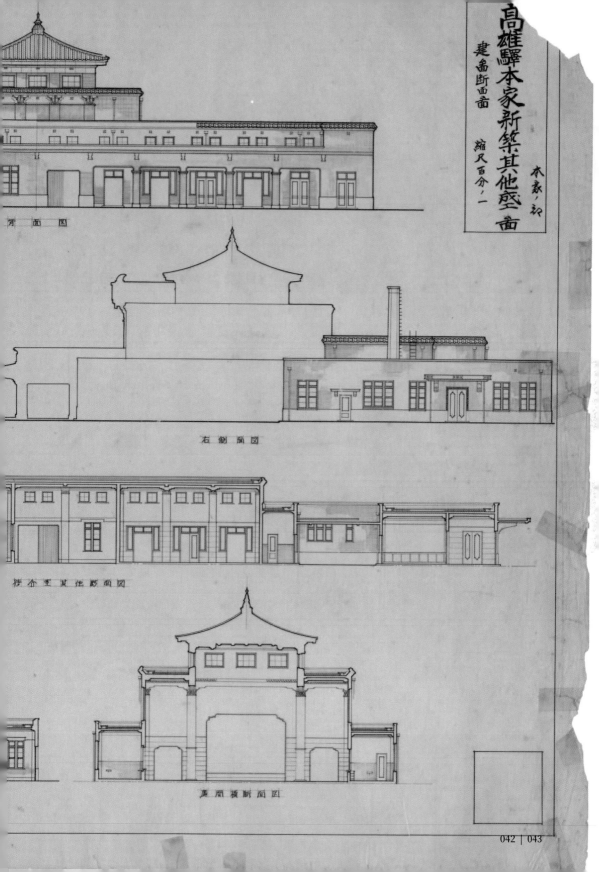

高雄驛本家新築其他圖面

建圖斷面

縮尺百分ノ一

本家ノ記

背面圖

右側面圖

待合室其他斷面圖

廣間橫斷面圖

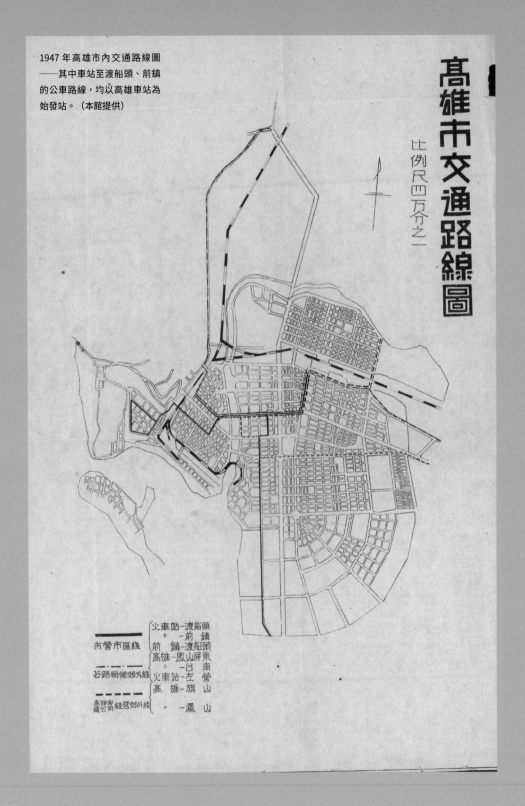

1947年高雄市內交通路線圖
——其中車站至渡船頭、前鎮
的公車路線，均以高雄車站為
始發站。（本館提供）

高雄市交通路線圖

比例尺四萬分之一

市營市區線
公路局營郊外線
高雄客運公司経營郊外線

火車站－渡船頭
〃　－前　鎮
前　鎮－渡船頭
高　雄－鳳山屏東
〃　－台　南
火車站－左　營
高　雄－旗　山
〃　－鳳　山

40 公尺的三線道路，是高雄驛改良工程的一環，也是連接高雄車站與舊市區的重要道路。（本館提供）

1941 年 6 月 20 日，完成搬遷準備工作後，高雄新驛舉行啟用典禮，由時任臺灣總督長谷川清、交通局總長副見喬雄、高雄州知事坂口主稅等人親自出席啟用典禮。其中，副見總長在致詞中提到，高雄新驛完工通車後，不僅能強化鐵道運輸量能，更加強高雄港的旅客貨物運輸能力。因此，作為大高雄玄關的新驛，未來將進一步成為高雄市發展的核心區域。就在啟用典禮後 2 天，高雄新驛正式開放給一般大眾使用。直至 2002 年（民國 91 年）3 月 27 日，高雄帝冠式車站駛離最後一班列車後卸下任務，這 60 年間，高雄車站從原有城市邊緣區域，成為商業、人群聚集的空間。副見總長的一席話也似乎預見了這 60 年高雄城市發展的樣貌。

隨著高雄新驛落成啟用，原有哈瑪星的高雄驛，則改稱為「高雄港驛」，專責處理港口貨物運輸。高雄地區的公共汽車路線，也隨著高雄驛的遷移改動路線，改以高雄新驛為中心。當時是將新驛出口左側規劃為長程客運站、右側規劃為市內公共汽車、人力三輪車接駁站。二戰後，公路局（後改組為臺灣汽車客運公司、國光客運公司）於高雄車站東側設置總站，經營金馬號、金龍號、中興號、國光號等長途客運。市區公車，以及往來鄰近縣市屏東、美濃、旗山的高雄客運，均設總站於高雄車站前。計程車亦以高雄車站為中心點，載旅客往市內各處。

第3講
獨特的帝冠式建築

如果看過臺灣西部目前留存建築的日治時期 5 個大車站,會發現高雄車站建築風格和別的車站風格不太一樣,不管是新竹車站的巴洛克風,臺中車站的後期文藝復興風,抑或是嘉義、臺南車站的折衷主義風格,都是明治維新後到 1920 年代在日本常見的純西式風格建築;高雄車站是於 1930 年代後期興築,也是日治時期最後一個完工的大型車站,其建築形式一反其他車站的純西式風格,展現的是具有濃厚東洋風格的帝冠式建築。

1913 年完工的新竹車站。(《臺灣最新紹介寫真》)

1917 年完工的臺中車站。(《鐵道旅行案內》)

1933 年完工的嘉義車站。(《鐵道旅行案內》)

1936 年完工的臺南車站。(《臺灣鐵道讀本》)

1941 年完工啟用的高雄車站，建築形式與其他 4 個車站大不相同。（本館提供）

帝冠式建築的興起

日本自1868年（明治元年）明治維新實行西化後，逐漸擠身世界列強之林。為擺脫西方列強控制，日本和中國都有出現團結黃種人以對抗白種人的「亞細亞主義」思想。這思想到 1930 年代軍國主義抬頭下的日本，逐漸脫胎成為日本領導下的「大東亞新秩序」及「大東亞共榮圈」概念。南進政策及後來發動的大東亞戰爭，即是實現「大東亞新秩序」的一種手段。

這種亞洲走自己路的思想，也逐漸在文化各面向萌芽。1919 年（大正 8 年），日本舉辦帝國議會議事廳建築式樣設計競賽，結果入選作品均為採用西方文藝復興風格式樣的設計圖，引起部分日本建築師表達異議。1920 年 12 月，著名建築師下田菊太郎（1866-1931）於第 44 回帝國議會開議期間兩度提出陳情書，主張變更議事廳設計，認為應採用其稱為「帝冠併合式」之西方古典風格屋身及和風式屋頂建築，此成為帝冠式建築的起源。不過，下田的設計尚未被主流建築界接受。

下田菊太郎提出的「帝冠併合式」帝國議會議事堂設計圖。(「大木操關係文書」)

1930 年代前後，日本軍部勢力抬頭，日本民族主義情緒逐漸高漲，並開始對以往在各方面全盤西化的態度提出反思與修正，下田先前所提出融合東西洋「帝冠併合式」建築，在 1930 年代建築界正式以「帝冠式」之名受到重視。

帝冠式建築興起與日本軍國主義擴展密不可分，在構築「大東亞共榮圈」概念下，原本因明治維新全盤西化而較少出現的日本傳統，變成日本亟欲發揚光大的文化因子，擁有和式屋頂元素的帝冠式建築，自然是可以隨著軍國主義腳步而推展的建築特色，因此在 1930-40 年代終戰期間，帝冠式建築大量出現在日本本土及其殖民地、占領區，被定位為南進前進基地的高雄，興建於 1930 年代後期的第三代高雄車站和高雄市役所（今高雄市立歷史博物館）躬逢其盛，成為代表高雄的兩大帝冠式建築。

1939 年啟用的高雄市役所，是高雄另一個著名的帝冠式建築。（本館提供）

高雄車站的帝冠式建築

第三代高雄車站建築是由總督府交通局鐵道部建築係設計，與同屬帝冠式建築高雄市役所最大不同之處，在於擁有類似大阪城天守閣的破風面，破風面中間設計圓窗，搭配帝冠式屋頂，呈現出「高」字意象。興建大阪城天守閣的是日本戰國三傑之一豐臣秀吉，其在南進政策成為國策的昭和前期是備受舉國崇拜的歷史人物，當大阪市發起重建大阪城募款活動時，很快就募得足夠款項，1931 年（昭和 6 年）完成大阪城第三代天守閣重建。位於日本南進基地且有都市入口門戶意象的新高雄車站，在採用帝冠式建築同時，又採取類似於大阪城的破風面，十足展現日本對外擴張時期的時代特色。

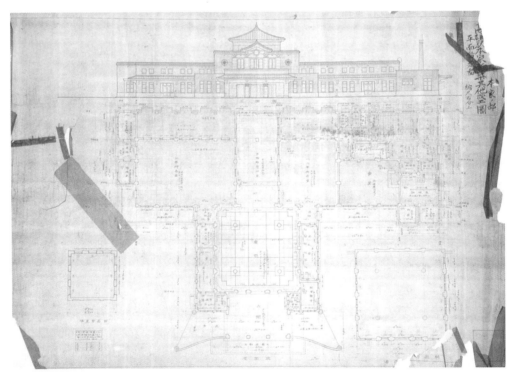

新高雄車站正面設計圖。（國家鐵道博物館籌備處提供）

1931年重建完成的大阪城天守閣，破風面成為
新高雄車站仿造的對象。（《大阪城》）

擁有濃濃日本風格的露盤和屋瓦，是高雄車站的特色。（蔡侑樺提供）

高雄車站的破風面,設計漂亮的圓窗。(蔡侑樺提供)

饒富東洋風味的柱頂雕刻屋簷。(蔡侑樺提供)

高雄車站大廳天井。（本館提供）

高雄車站的大門與車寄。（本館提供）

第三代高雄車站的建築細節非常豐富，屋頂攢尖頂以佛教寶頂形式收頭，屋瓦採用圓形瓦當及弧形滴水，屋頂垂脊以特殊鳥頭琉璃瓦收頭，唐破風屋脊以特殊鴟尾琉璃瓦收頭，唐破風山牆崁鐘以八角形紋飾收邊，兩側牆體圓窗外覆鑄鐵紋飾，門廊柱頭帶有花草紋飾，門廊橫梁使用仿木構造托架出簷。以上種種都是專屬於高雄車站的獨特裝飾語彙。

新高雄車站工程是由當時民間建築界的領導品牌、創立已超過百年歷史的株式會社清水組（戰後改制為清水建設）以 34 萬 5 千圓得標興建，1937 年 11 月 1 日動工，12 月 15 日舉行地鎮祭。同一時期興建的高雄市役所、大橋（今中正橋）及許多戲獅甲工業區工廠的營造單位也是清水組。清水組與高雄的緣分並不僅止於戰前，戰後還有情牽一甲子的因緣。

命運大不同：珍珠港事變後的兩個高雄車站

新高雄車站於 1941 年（昭和 16 年）6 月 20 日啟用，位於哈瑪星的第二代高雄車站隨即改稱高雄港站，專辦貨運業務，兼辦潮州線旅客營運；第三代高雄車站則專辦客運業務。接著不到半年，日軍偷襲珍珠港，點燃太平洋戰爭戰火。高雄作為日本南進基地，到戰爭末期不幸遭受盟軍無情猛烈的轟炸，高雄港及鄰近的鹽埕、哈瑪星被炸得滿目瘡痍，第二代高雄車站也難逃一劫，站體幾乎全毀。不幸中的大幸是，誕生於戰爭期間的第三代高雄車站，因「客貨分離」專辦客運而沒成為空襲目標，得以倖免於難，在戰爭結束後仍保有完整帝冠式建築模樣，見證軍國主義失敗，臺灣政權更迭，以及新政權統治下的時代變局。

二戰末期第二代高雄車站因遭到轟炸而毀於一旦。（本館提供）

05411 055

第4講
因站來去的移民

車站，往往是上演悲歡離合故事的場景，有人在車站重聚，亦有人在車站離別。1941 年啟用的高雄車站，是乘載最多高雄人記憶的車站，是許多老高雄人北漂的起點，也是許多新高雄人南遷的終點。移民來來去去，故事都從車站開始。

游到寶珠溝的鯉魚

1930 年代，高雄車站穩居臺灣最大貨運站地位，在城市快速發展帶動下，客運量亦迭創新高。位於哈瑪星的第二代高雄車站已經出現空間設備不足、人車雜沓的情況，需另尋更大的腹地興建新車站呼聲出現。

1930 年代第二代高雄車站已出現人車雜沓的情況。（本館提供）

1936 年（昭和 11 年），「擴大高雄都市計畫」公布，以 40 萬人為計畫人口，市區範圍往東跨過高雄川（今愛河），達五塊厝、籬仔內；往南抵前鎮，今高雄舊市區規模大致奠定。新車站則被規劃落腳在市區範圍的中間——大港庄。

大港庄位於高雄川支流三塊厝溪（今幸福川）右岸，西鄰三塊厝庄，清治時期沿河岸已發展出漢人集居的聚落；一溪之隔的左岸是大港埔庄，當時是臺灣製糖株式會社的原料採取區域，主要呈現蔗園及平野景觀。日本當

1930 年代後期的都市計畫，不僅確立第三代高雄車站落腳大港庄，還規劃了後站的位置與範圍。
（中央研究院臺灣百年歷史地圖網站）

局規劃在大港庄的新高雄車站，除站體建築外，還包括機關庫、宿舍、辦公廳舍等建築，以及綠地、廣場、道路等設施，需用土地廣大，隨即面臨到土地徵收問題。

當時大港庄多為不在籍地主，由於徵收價格過低，引起劉青雲、林迦兩名地主不滿，拒絕在土地賣渡書上蓋印。其中，劉青雲出身府城，曾任臺南市協議會員，家族在清治時期發跡，土地廣布臺南、高雄許多地方，光是在新高雄車站預定地即擁有 8 千坪土地；林迦出身鹽埕，曾任高砂信用組合理事，戰後擔任首任鹽埕區長，在新車站預定地擁有 2 千 6 百坪土地，其子林瓊瑤戰後曾任高雄市議員、國大代表，林家是鹽埕地區代表性家族之一──兩位地主均有深厚的政商背景。

為求圓滑解決問題，鐵道部特別商請臺南州派員居中與劉青雲協調；高雄警察署署長工藤折平與林迦協調。最後，林迦同意鐵道部條件；劉青雲則拒絕讓步，於是訴諸法院裁判，官司一路打到高等法院上告部第三審，法院判決劉青雲敗訴，土地徵用才塵埃落定。

大港庄地主之一劉青雲。（《壹葉通訊》）　　　　大港庄地主之一林迦。（本館提供）

《臺灣日日新報》漢文版有關
大港庄地主拒絕當局收買土地
之報導。（《臺灣日日新報》）

新高雄驛地趾買收
業主頑强不肯簽印

當局擬發動土地收用法

高雄驛遷徙像定地址。關于買收價格定賤。而拒絕簽印之劉清雲（所有地八千坪價格一萬二千五百圓）及林迦（所有地二千六百坪）者託工廠高雄署長。後故前者託臺南州當局。希望圓滿解決種々事情。因欲適川土地收用規則。當局初于買收價格一萬二千圓。

社絕無誠意。遠至正面衝突。交涉已破裂。問題重大化）一同于五時餘快々而退。閱日歸北後。旋議于當局。去六日將情通知積極的對抗方策。決定諸幹部。各分擧事務進行。如訪問州府外事課。商工課。及交通局諸要路。陳情組合員苦衷。以求援助則云。

林氏似已諒解。而劃則頑强不肯之態。要求起價。州當局之靈力。歸于無效。聞談土地之買收價格。每坪四圓。然劉氏則要求每坪十圓至十五圓。終無圓滿改决之望。已內定欲適用土地收用規。

地主尚且抗爭無效，絕大多數住在大港庄沒有土地所有權的居民，更只能無奈的在一紙命令下搬遷。1937 年，高雄市當局為安置大港庄民，在聚落北方寶珠溝左岸（今民族路、十全路一帶）營造名為「安生村」的新社區，並在 1 月 20 日舉行地鎮祭。總共 112 戶、5 百多位居民帶著他們的守護神保生大帝搬遷到新社區建立新的「大港庄」（今三民區安生里）；留在大

遷建初期的新大港保安宮。（本館提供）

安生村舉行地鎮祭的報導。（《臺灣日日新報》）

新大港保安宮現狀。（莊天賜提供）

日治末期躲過拆除命運的舊大港保安宮。（莊天賜提供）

港庄原本也在拆除行列的信仰中心保安宮，則因太平洋戰爭爆發，人力、物力俱缺而緩拆，最終因日本戰敗而躲過被拆除的命運。

被帶往新大港庄的保生大帝金身，先安置於當時的安生農事實行組合辦事處作為臨時祀堂。1959 年（民國 48 年），保安宮管理委員會改組為財團法人，設董監事會，並發動興建新保安宮。1968 年，坐落於十全一路的新廟完工，仍稱大港保安宮。保安宮董事會同時決議位於舊址的保安宮予以保留。為區別起見，兩座保安宮分別冠上新、舊區分。

1950 年代初期，高雄市政府基於空襲安全考量，在高雄車站前圓環綠地興建噴水池，兼作消防和造景使用。據說，當時任職於市政府工務局的江秋

澄特別在噴水池中央豎立一座鯉魚塑像，以紀念大港庄居民迫遷事件。選用鯉魚緣由，在於大港原來舊稱「鰱港」，「鰱」是福佬語「鯉魚」之意，因聚落所臨的三塊厝溪盛產鯉魚而得名。這座鯉魚塑像，日後也成為旅人到高雄一遊時拍照取景的地標。

高雄車站前的鯉魚塑像是戰後豎立，用以紀念所在地舊稱「鰱港」。（國史館提供）

鯉魚塑像是民眾在高雄車站前留影的熱門標誌。（本館提供）

日久他鄉變故鄉

有人因為車站興建而迫遷他地，也有人因為興建車站而來到高雄，甚至落地生根，成為新高雄人。清末劉銘傳（1836-1896）在興建鐵路時，曾經委託苗栗黃南球（1840-1919）、新竹新埔陳朝綱（1827-1902）承包土木工程及辦理物料，在兩位客家領袖的引領下，大批北部客家人投入鐵路相關工作。

日治初期，臺灣總督府興建縱貫鐵路，為求施工迅速順利，會僱用有工作經驗的客家人投入鐵路工程工作，由於所需人力眾多，客家人又會引進同胞鄉親，形成鐵路開到哪裡，那裡就有客家移民的情況。1899 年（明治32 年），縱貫鐵路從基隆、高雄兩端同時開工，就有一群北部客家人輾轉從新竹坐火車到基隆，再從基隆坐船到高雄來興建鐵路，鐵道部在今北端街、北斗街一帶興建宿舍，這群遠道而來的客家人，部分在鐵路完工後，決定留在高雄，成為較早落腳高雄的北客移民。

日治時期的高雄是一座新興城市，客家人是慣於群聚照應的族群。他們藉由縱貫鐵路完工所帶來島內移民的便利，返回家鄉呼朋引伴到高雄新天地來尋找工作機會。當時高雄陳家創立的新興製糖會社正為擴大原料採集區域而四處開墾土地，遠道而來的北部客家人成為開墾今本館、赤山、灣仔內一帶的重要力量，這一帶至今仍是舊高雄市聚集較多北部客家人的區域，高雄市新桃苗同鄉會即位於此。

新興製糖會社位於大寮的新式糖廠，是臺灣第一間臺資新式糖廠。（本館提供）

新興製糖會社甘蔗園。（《臺灣畫報》）

日治初期鐵道部打狗出張所附近散居不少因興築鐵路而來的北部客家人。（本館提供）

(173) VIEW OF TAKAO RAILWAY BRANCH

:MOSA. 近附所張出部道鉄狗打 灣臺

1930 年代後期開始興建第三代高雄車站，鐵路建設到哪裡，那裡就有客家移民情況再度出現。鐵道部在今長明街、大港街一帶興建宿舍安頓員工，即戰後所稱的鐵路新村，新村住民中的臺籍員工以客家人居多。而終戰前後的新高雄車站附近及往東土地，是剛納入都市計畫區的處女地，客家人的群聚照應又在這裡發揮作用。

客家人聚集的鐵路新村長明街，曾是高雄客家餐廳的大本營。（國史館提供）

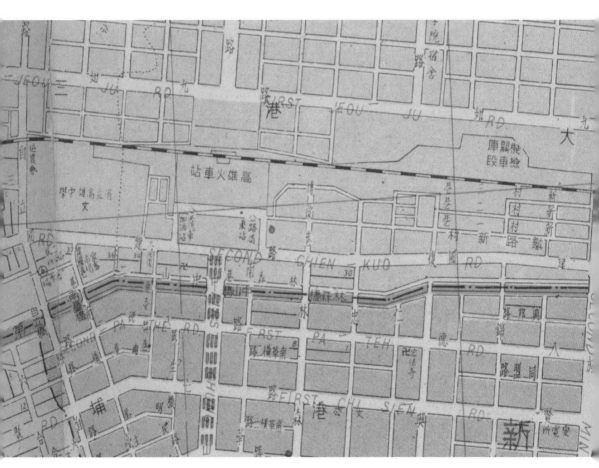

日治末至戰後的鐵路新村聚居許多從北部南遷的客籍移民。（中央研究院臺灣百年歷史地圖網站）

還位於高雄車站附近的褒忠亭。（高雄褒忠義民廟提供）

隨著在新高雄車站周邊落地生根的客家人日多，強烈的信仰需求應運而生。戰後1946年（民國35年），信徒林讓才自新竹新埔褒忠義民廟求香旗來高雄，在今車站前南華路與建國路口住處搭寮祭祀，信徒日益增加。1948年，數十名信徒發起建廟，經300餘人捐資，在原址東側興建廟宇3間，稱「褒忠亭」。後因都市發展，周圍高樓大廈阻斷視線，儼如坐井而決定遷廟。1973年擇褒忠街現址為新廟址，開始動工建廟。其間，信徒代表大會決議將原褒忠亭名稱改為「高雄褒忠義民廟」，1977年，新廟落成。「高雄褒忠義民廟」是北客在高雄的信仰中心，每年農曆7月的義民祭，是高雄地區的一大盛事。

高雄褒忠義民廟是北部客家人在高雄的信仰中心。（莊天賜提供）

第 5 講

噤聲的故事——
高雄車站二二八

1945 年，第三代高雄車站在啟用僅短短 4 年後，即經歷日本軍國主義失敗與臺灣政權更迭。10 月，新政權初來乍到，多數臺灣人還沉醉在戰爭結束和擺脫「異族」統治的喜悅中，誰都沒料到在 1 年 4 個月後，二二八事件倏地引爆。二二八事件的發生有許多複雜面向，其中，3 月上旬開始軍隊在各地展開的屠殺與鎮壓，是將悲劇推向頂端的關鍵，而高雄帝冠式車站也見證了這場悲劇。

悲劇開端

1945 年（昭和 20 年）8 月 15 日，日本天皇發布《終戰詔書》，宣布無條件投降，臺灣又將迎向不可知的未來。大多數臺灣人對於結束戰爭感到欣喜，尤其是即將要來統治的是號稱同文同種的「祖國」，這又讓人多了幾分期待。

戰後初期，臺灣各地重要仕紳自主組成「歡迎國民政府籌備會」，以維持政權輪替空窗期的社會秩序，以及歡迎新政府來臺。圖為委員臂章。（本館提供）

10 月，臺灣省行政長官陳儀（1883-1950）及所屬接收人員、軍隊陸續來臺，正式展開統治；11 月，接收南臺灣的六十二軍從左營軍港登陸，許多臺灣人自動自發學習華語、自製國旗，以中國其他地方所沒有的熱情迎接「祖國」軍人、官員到來。

失業‧高物價煎迫 黎民不能聊生

貧困子弟無書可讀

台南市成立 碼頭職業大會

《民報》有關高雄失業率和物價高漲的報導。（《民報》）

國軍進駐高雄 市民熱烈歡迎

《民報》高雄市民熱烈歡迎國軍進駐高雄的報導。
（《民報》）

戰後初期，臺灣各地重要仕紳自主組成「歡迎國民政府籌備會」，以維持政權輪替空窗期的社會秩序，以及歡迎新政府來臺。

只是，中華民國政府在臺灣採行的「行政長官集權」制度，彷如日治時期臺灣總督制「復活」；來自中國大陸官員充斥在長官公署及其他各級機關的中高層職位，以及專賣制度和國語運動的推行，似乎都跟日本「異族」統治沒有太大差異。加上官場上貪汙、外行領導內行風氣盛行；經濟方面物價高漲、物資缺乏及失業者眾，使民眾對新政府逐漸從期待轉為失望，甚至絕望，出現「祖國」文化適應不良的症狀。

1946 年（民國 35 年），臺灣治安開始敗壞，各地動亂迭起，零星衝突不斷，尤有甚者，執法軍警人員常常是敗壞治安的主角。以高雄為例，曾發生數名軍人至壽星戲院看電影，霸占警官臨檢席，不但不聽義警糾正，還圍毆義警，引發民眾不滿而聲援義警，軍人見情勢不對，乃逃回營區召集 30 幾名軍人，架機槍包圍市街和警察分局，並開槍射擊，造成 3 人重傷；7 月，又發生警察在鼓山查獲 5 名著便服軍人聚賭，將其等押送到警局時，突有數名著軍服者要求警察放人，警察據理力爭卻遭到毆打，生命垂危；幾天後在岡山，又發生 3 名軍人深夜至商店想買糖，因店早打烊且店主不

岡山發生軍人闖入米店殺人的報導。（《民報》）

在而不得其門而入，心生不滿的 3 人於凌晨持槍破店門而入，將已返家的店主殺害，又槍傷店主之子。以上例子，只是見諸報端的冰山一角，當時整個臺灣，就像是瀰漫著濃濃火藥味的房屋，隨時可能引爆大規模動亂與衝突。

1947 年 2 月 27 日傍晚，臺北大稻埕發生一起因查緝私菸不當而引起的民眾死傷衝突，引發民眾對官府的抗議。次日，民眾前往行政長官公署（今行政院）陳情，官方卻採取武力鎮壓，造成更大傷亡，臺北市民開始自主罷工、罷市、罷課，行政長官陳儀宣布臺北市戒嚴，但無法阻止事態擴大，二二八事件就此於全臺引爆，此時距所謂「光復」，不過短短一年半的時間。不幸的是，高雄成為首波爆發流血鎮壓的城市，而高雄車站，更是高雄最早發生軍民流血衝突事件的地點。

甫歷經政權輪替不久，第三代高雄車站見證了二二八慘案。（本館提供）

軍民衝突

二二八事件於臺北引爆，再一路往南蔓延。當時全臺主要車站均由張慕陶率領的憲兵第四團駐守，高雄車站也不例外，係由團第三連部進駐，常駐兵力4名。事件爆發之時，陳儀原想調派駐守高雄的軍隊北上支援，但因鐵路不通而受阻，於是第三連部便加強高雄車站的兵力和防禦。

1947年（民國36年）3月3日，高雄各地開始發生動亂。3月4日，以高雄第一中學（今高雄中學，簡稱雄中）為首，成員包括高雄工業學校（今高雄高工）、高雄商業學校

二二八事件前，高雄車站已有憲兵第四團派駐士兵。（國家檔案管理局提供）

（今高雄商職）及高雄女子中學（今高雄女中）的青年學生，基於高雄治安陷入混亂，為保護校園和周邊環境安全，自行組成自衛隊，並且只要看到被胡亂毆打的外省人，就將之帶至雄中校園保護。

由於憲兵控制高雄車站，不許民眾接近車站，造成鐵路運輸中斷，糧食無法運進市區，外地人亦無法往來於高雄，且聽聞有民眾受困於車站地下道，自衛隊因此曾派員至車站要求憲兵撤出，但遭到拒絕。青年學生決定在次日組成決死隊，衝入車站驅逐憲兵。

3月5日，決死隊由雄中學生陳仁悲擔任隊長，計劃兵分三路進攻高雄車站。第一路占領建國路的長春旅社（今肯德基），負責居高臨下狙擊車站憲兵隊的機槍手；第二路主要由雄工、雄商學生組成，負責沿鐵軌繞至車站背面，與第三路部隊夾攻車站；第三路由陳仁悲親自率領，成員主要是雄中及畢業校友，自前站的公車總站突襲火車站。

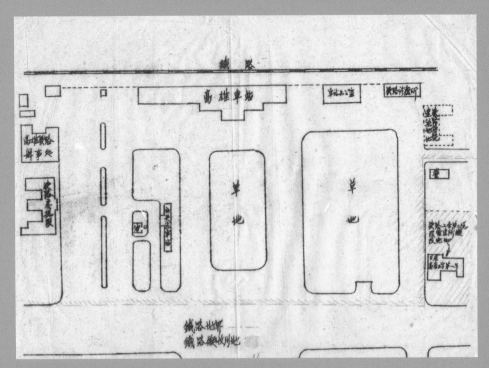

戰後初期高雄車站周遭平面圖（加工繪製）。（國家檔案管理局提供）

戰後高雄車站前的長春旅社，該圖顯示為前棟，1947 年 3 月決死隊第一路曾占此處。（國史館提供）

行動在上午 10 時左右展開。正當第三路占領公車總站，打算找機會發動突擊時，憲兵發現決死隊的行蹤，以機槍和美式步槍進行掃射，雄中校友顏再策腹部不幸中槍，延至下午傷重不治。從中午至傍晚，雙方曾有數度駁火，但戰情陷入僵局。彭孟緝憲兵隊遂決定退出車站，撤往壽山要塞；決死隊也撤回雄中，火車站暫時恢復平靜。

雄中決死隊曾占領第三代高雄車站前公車總站，打算由此突襲高雄車站。（本館提供）

雄中畢業校友顏再策在 3 月 5 日的衝突中殉難。（顏陳秋霞、本館提供）

軍隊屠殺

憲兵隊撤出後的高雄車站，彷如處於暴風雨前的寧靜，更大的風暴正在醞釀著。當時高雄地區主要有 3 支部隊駐紮，一支是位於壽山的高雄要塞司令部，由彭孟緝（1908-1997）任司令；一支是駐紮在鳳山五塊厝的整編第二十一師獨立團，由何軍章任團長，主要任務是防守南臺灣最大的火藥庫，同時也受彭孟緝節制；一支位於左營海軍總司令部第二基地。

3 月 6 日下午，彭孟緝決意派軍隊進入市區鎮壓。一面命令何軍章團自鳳山進攻高雄車站，一面自壽山分兵下山進攻高雄市政府。何軍章團派出第

三營部隊，兵分兩路往高雄車站進發，一路乘卡車經六合路、中山路到火車站；一路徒步經復興路進抵車站。軍隊抵達後即朝車站開槍，一名搭火車上班的民眾李金俊不幸在站前中槍身亡；一對夫婦吳萬于、周碧瑾亦來不及反應，當場死於車站鐵道，背上3、4個月大的嬰孩也遭刀傷，10天後不治。

高雄要塞司令彭孟緝下令派軍隊鎮壓，是二二八事件中高雄釀成重大悲劇的主因。（本館提供）

許多旅客見狀紛紛逃往月臺地下道避難，但軍隊卻堵住前後站兩端出入口，往地下道掃射，地下道一時間哀鴻遍野。由於軍隊守著出口不許進出，3百多位避難民眾只能形同被囚禁般在地下道度過一個晚上，受傷的人亦無法及時得到醫治，有位被流彈波及的民眾郭農富，即因血流不止卻無法就醫而亡故。此時的高雄車站地下道宛如人間煉獄。

翌日，軍隊持刺刀從兩端進入地下道，要求民眾一一高舉雙手接受檢查。其中老弱婦孺立即被釋放，100多名男性旅客則被視為「暴徒」疑犯，全數雙手以鐵絲綑綁，帶往壽山山腳下的看守所監禁調查。

二二八事件期間，軍方對高雄車站和高雄市政府的鎮壓路線圖。（本館提供）

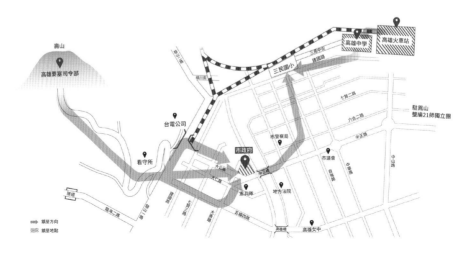

站前刑場

二二八事件爆發 1 個多月後的 4 月，高雄天氣乍暖還寒，街頭猶充滿肅殺氣氛。4 月 14 日，高雄車站前廣場槍聲乍響，倒在血泊中的是呂見發、呂見利兩兄弟。

呂氏兄弟是澎湖人。哥哥呂見發，戰後初期曾任第三監獄第二分監（後改為臺灣高雄監獄）監獄長，因故被撤職，職位由傅秉衡接任；二二八事件爆發後，3 月 5 日，監獄長傅秉衡因高雄動亂擅離職守，為避免人犯逃獄影響治安秩序，是日成立的二二八事件處理委員會高雄分會特別商請呂見發回任監獄長。不料此舉被政府視為違法，並認定呂見發與高雄動亂有關而將他逮捕。

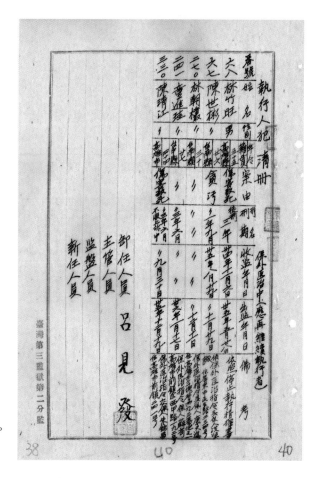

呂見發曾任今高雄監獄監獄長。
（國家檔案管理局提供）

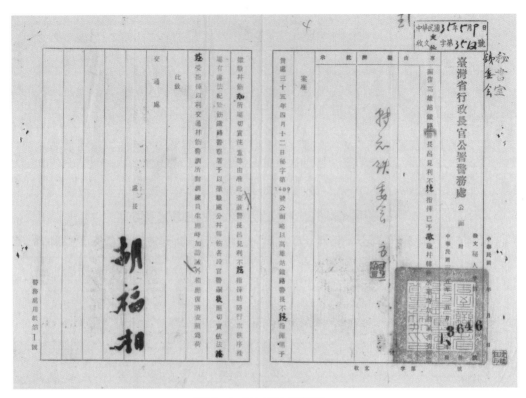

呂見利曾任高雄車站警長，因得罪站務人員而遭撤職。（國史館臺灣文獻館提供）

弟弟呂見利，戰後初期曾任高雄車站鐵路警長，因得罪站務人員而遭撤職；二二八事件期間，呂見利應二二八事件處理委員會高雄分會之請出任高雄看守所所長，因而遭禍，3月9日被以「反動暴動」罪名遭到逮捕。4月14日，兄弟二人在未經公開審判下，被押往高雄車站前廣場處決，兩人的家人還被命令前去觀刑。

當時就讀雄中的阮垂紳，曾親眼目睹行刑過程，其回憶：「……。兩人從卡車中被推滾下來，被勒令下跪，有個士兵就由後面開三槍，頓時臉上都是血，他們的母親和太太哭得好傷心，一直喊著他們的名字，我看到那母親心疼地幫兒子擦拭臉上的血，但血還是一直流出來，後來就用草蓆蓋住，我心想這樣二條生命就消逝了，真可憐！」呂見發殞命時32歲，留下2女1男及遺腹子；呂見利去世時僅25歲，留下1名5、6個月大的女兒。

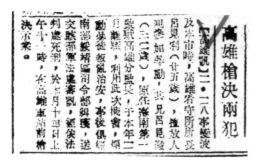

《中華日報》有關呂見發、呂見利兄弟槍決的報導。（《中華日報》）

1980年代後期在高雄車站歷史現場舉辦的高雄二二八平反運動。（國史館提供）

1947年（民國36年）的高雄車站二二八，是許多老高雄人不願想起及害怕重演的恐怖記憶。

2022年2月17日，行政院促進轉型正義委員會以「二二八事件期間，高雄車站曾發生軍方鎮壓、掃射無辜民眾，以及民眾未經公平審判即遭處決情事，嚴重侵害人權」，公告「原高雄車站」為不義遺址，希望二二八悲劇在未來不再發生。

呂見利被以「反動暴動」罪名，名列逮捕人犯名冊中。（國家檔案管理局提供）

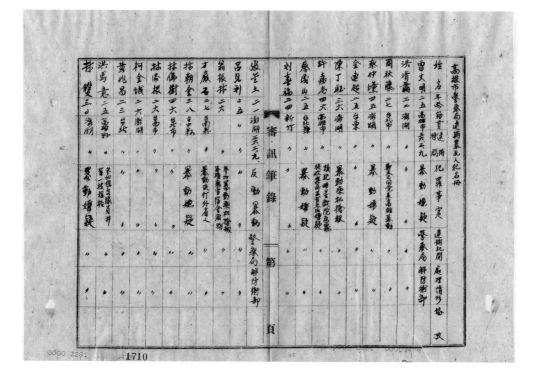

第6講
改造與擴建

歷經政權輪替的高雄帝冠式車站，儘管車站建築外觀不變，外部環境與內部空間卻往往會隨著時代演進及主政者統治風格而有所改變，形成同樣的車站記憶，不同人們有著不同的色彩與詮釋。以下，讓我們來認識走過不同世代的高雄帝冠式車站。

戰後初期的高雄車站，站前還顯得空蕩。（本館提供）

1961 年，臺灣省運動會在高雄舉行，火車站前建立起飛彈模樣的城市門戶意象，頗具有威權時期的時代意義。（本館提供）

1966 年國慶，火車站大門搭建「雙十」字樣的牌子，大門兩側還有反共標語。（本館提供）

1970 年代高雄車站，站前中山路二號運河畔搭建了牌樓，建國路口建有精神堡壘（兼作碉堡）。（本館提供）

1980 年代高雄車站，前站車水馬龍，後站也開始有大樓建立。（施旺志提供）

遷移前的高雄車站。（施旺志提供）

車站空間改造

1941年（昭和16年）啟用的第三代高雄車站，站體面積約有2千平方公尺，在同時期僅次於臺北車站，是臺灣面積第二大的火車站。在室內空間上，部分設施的運用是當時臺灣罕見，而使用方式從日治到戰後有所不同。

高雄車站平面呈「凸」字型，通過車寄大門進入站內為大廳，大廳挑高3層樓，以4根圓柱支撐天井，圓柱構件和雕飾混合東方元素的雀替和西方元素的棕櫚，呼應東西合璧的帝冠式建築，展現出大站氣勢。車站從啟用到戰後初期，入大廳右手邊依序規劃為公用電話間及配電盤室、售票室；左手邊規劃為赤帽（行李服務員）室、賣店、服務人員室（服務臺）。穿過大廳，中央為穿堂，可直行至行李房；穿堂左邊為三等車廂乘客候車室，再往左有側門和剪收票員事務室；穿堂右邊為一、二等車廂乘客候車室，再往右分別是廁所及餐廳、貴賓室。餐廳除餐桌外，尚配置廚房、配膳室及服務生休息室；貴賓室設有單獨的大門和車寄，內部規劃「次之間」（房間內副室）及休息設施，專給皇族或總督使用。

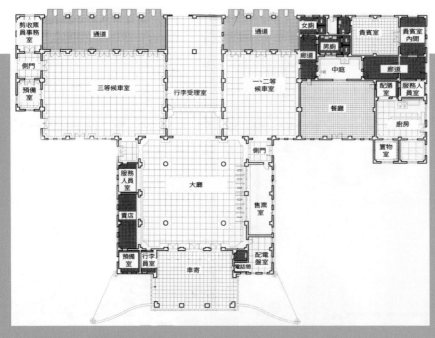

日治時期高雄車站配置平面圖。（本館提供）

戰後站內空間格局變化不大，但空間使用隨著營運需求，逐漸有了幅度不小的改變。到 21 世紀初車站遷移前夕，進入大門左、右兩邊的赤帽間和公用電話間都改為裝設自動提款機；原來在大廳左側的賣店移到右側原售票室，並由連鎖便利超商進駐，賣店空間則改造為服務臺和值班站長申訴處；售票處移到原三等車廂乘客候車室，並且在左側門進入處設置數臺自動售票機；原一、二等車廂乘客候車室仍為候車室，但不分等，另外大廳中央亦設置座椅，提供旅客候車使用；大廳靠外側玄關牆面掛有空襲避難位置圖，靠內部牆面有大的北上、南下火車時刻表，左、右兩側牆面有高雄站往各車站各級列車票價表看板。此外，餐廳和貴賓室的位置與日治時期相同，但內部格局略有改變。

日治時期高雄車站大廳，右側欄杆處為售票室。（本館提供）

日治時期高雄車站三等旅客候車室。（本館提供）

日治時期高雄車站餐廳格局。（本館提供）

日治時期高雄車站貴賓室。（本館提供）

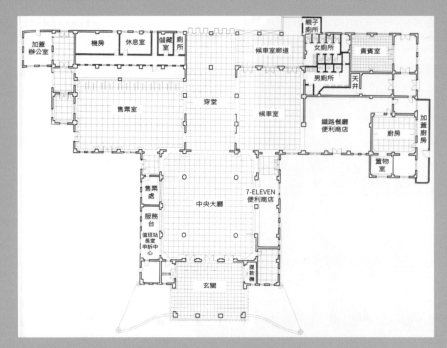

戰後高雄車站配置平面圖。（本館提供）

戰後大廳面向大門上方掛有空襲避難位置圖。（施旺志提供）

戰後大廳空間設置了座椅，成為候車室一部分。（國史館提供）

日治時期售票室，戰後改為賣店，並由連鎖超商進駐。（施旺志提供）

日治時期的三等旅客候車室，後來改為售票大廳。（施旺志提供）

日治時期一、二等旅客候車室，遷移前仍是候車室，但不再分等。（施旺志提供）

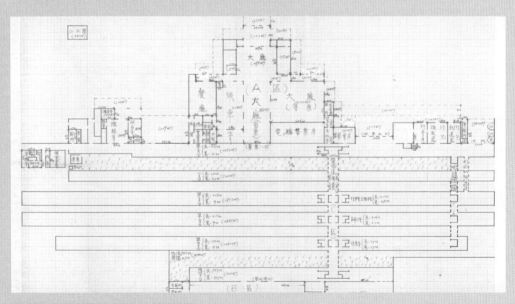

遷移前高雄車站空間運用平面圖。（本館提供）

第一月臺通往第二、三、四月臺的地下道入口。（施旺志提供）

往小月臺搭車要先經過一個別緻的花園。（施旺志提供）

往小月臺搭車，擁有不用上下地下道樓梯的特權。（施旺志提供）

小月臺。（本館提供）

通過剪票口是第一月臺，但不臨軌道，通往二、三、四月臺的地下道入口在此。或是先穿過一個闢有花圃、水池的別緻小花園，再跨過一條鐵軌，才會抵火車停靠的「小月臺」，因月臺的長度和寬度都最小，而有小月臺之稱，屬島式月臺，初期原規劃為汽油車月臺。在小月臺搭車享有不必走地下道上下樓梯的「特權」，可以優雅的坐上火車展開旅程。在臺灣，有花園設計的月臺僅見於高雄車站，在國外亦不多見。1979 年（民國 68 年），西部縱貫鐵路電氣化完工，小花園裡豎立起一座「台灣鐵路西部幹線電化工程殉職人員紀念碑」，紀念在電氣化工程中殉職的 26 位台鐵局員工及 20 位民間勞工。

台灣鐵路西部幹線電化工程殉職人員紀念碑揭幕。（國史館提供）

第三代高雄車站可能是臺灣第一個運用地下道連結月臺的車站，不似其他車站多以天橋連結月臺，這地下道也曾經是二二八悲劇的歷史現場。此外，行李房還有一個罕為人知的地下道和大型升降梯連結各月臺，其主要作為託運行李及貨物使用，遇有身障人士，亦可藉由神秘地下道進出月臺。

穿過地下道爬上樓梯，就會來到第二或第三月臺。第二月臺主要是北上月臺，在屏東線尚未鐵路電氣化之前，絕大多數是屏東線火車到站及縱貫線火車發車月臺，月臺辦公室置一名副站長坐鎮，監控發車、停車狀況，更特別的是還附設播音設備，聲音甜美的播音小姐就是在這裡只聞其聲、不見其人的引導旅客上下車或換月臺轉車。

第四月臺尚未增建前，第三月臺是縱貫線終點到站及屏東線始發站月臺。早期火車行車時間較長，夜間會開行「寢臺列車」（臥鋪車），儘管後來因行車時間縮短而取消臥鋪車，但仍有跨夜列車行駛。西部南下夜車開到終點站高雄時通常是清晨，因此第三月臺還貼心附設洗手臺，提供夜車旅客到達後簡單盥洗。

1971 年，隨著後站設立，高雄車站同步增建第四月臺，同時將地下道延伸到第四月臺和後站。在屏東線尚未鐵路電氣化前，開往屏東線的列車多改在第四月臺發車，月臺上建有一棟復古木造檢車室，提供巡車人員使用，偶爾還兼做旅客諮詢和失物招領。

日治時期高雄車站第二月臺。（《臺灣畫報》）

第二月臺。（本館提供）

第三月臺。（謝明勳提供）

隨著第四月臺和後站興建之地下道延長工程。（本館提供）

2018 年地下化通車後，功成身退的第四月臺。（謝明勳提供）

增設後站

火車站的設立可以改善交通條件，同時帶動區域發展。在較大的城市，有時會特別增設後站，以方便旅客進出。不過，由於鐵道的阻隔，常常會讓站前、站後形成兩個不同世界。火車站前往往是車水馬龍、樓房櫛比鱗次的商業中心；一軌之隔的站後，則顯得發展較為遲緩，或是工廠林立、市容凌亂。

臺灣的火車站設後站，始於 1923 年（大正 12 年）鐵道部在臺北車站及鐵道北側設立車站，以便利大稻埕居民利用，當時稱為「裏臺北驛」。1936 年（昭和 11 年），「擴大高雄都市計畫」公布，第三代高雄車站落腳在大港庄，當時同步也規劃好後站用地，以及後站前東西向道路（今九如路）和南北向道路（今博愛路），只是後站及周邊計畫道路的興建，隨著 1945 年日本戰敗退出臺灣而未能實現。

火車站前的建國路因車站設置，成為旅館聚集區域。
（國史館提供）

戰後初期的中山路，不再復見日治前期的蔗園景觀。（本館提供）

1960 年代建國路改造。（本館提供）

終戰前後，由於後站興建計畫遲遲未能進行，導致前後站的發展截然不同。今站前建國路，早期原本就是鳳山經大港、三塊厝往鹽埕的「鳳山道路」，跨越愛河的川田橋（今建國橋），是愛河下游最早興建的橋梁。由於車站興建及都市計畫實施，今自立路至民族路路段拓寬拉直，逐漸因車站形成旅館聚集區域；而與前站隔三塊厝溪（今幸福川）相望的大港埔庄，1930 年代前期還是大片甘蔗園與平野，配合高雄車站位置新闢建一條南北向昭和通（今中山路），商店和住宅自昭和通逐漸往兩側延伸發展，至日治末戰後初期，站前主要道路均闢建完成，從火車站前到大港埔地區商業中心態勢顯現。

1960 年代空拍圖。可見一條鐵路之隔，鐵道以南的前站地區已高度開發；以北的後站地區還是田園錯落，幾條計畫道路才剛開闢。（中央研究院臺灣百年歷史地圖網站）

戰後初期的「後驛」，仍是一片荒野景象。（本館提供）

相形之下，直到 1960 年代初火車站以北的後驛地區還是一片田園景觀，已闢成的主要道路僅有十全路（原為臺車軌道），以及日治末期安生村聯外道路（今孝順街），而民族路、孝順街以西的第一條南北向道路，是狹窄還被稱為自立巷的自立路，並設有平交道。

1960 年代前期，台鐵局啟動後站興築計畫，並為在後站前闢建廣場，進行土地徵收作業。為配合後站興建，市政府著手開闢九如路民族路至中華路間路段，以及博愛路十全路至九如路間路段之道路，同時規劃後站地區土地重劃。

1970 年（民國 59 年）年初，後火車站本體建築開始動工，1971 年 5 月 5 日完工，選在同年 10 月 31 日時任總統蔣中正壽誕日啟用。相較於前站高聳雄偉的帝冠式樣貌，後站的平頂顯得樸實無華，站內採挑高

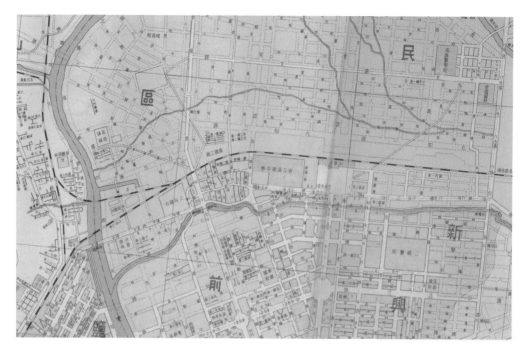

1958年都市計畫圖。可見站前的計畫道路均已開闢,而站後開闢的道路僅有十全路。(中央研究院臺灣
百年歷史地圖網站提供)

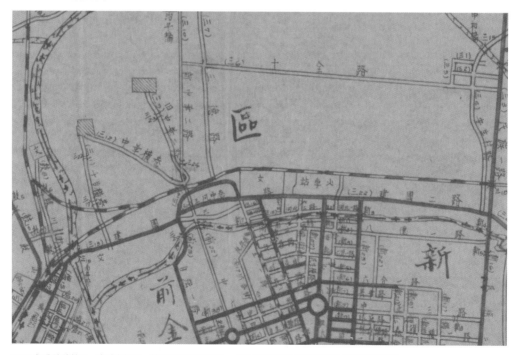

1958年公路路線圖,當時九如路、博愛路都尚未開闢。(中央研究院臺灣百年歷史地圖網站提供)

1960 年代剛開闢的九如路。
（本館提供）

《臺灣新聞報》1969 年後站地區土地
重劃的報導。（《臺灣新聞報》）

2001 年的高雄後站。（呂奇提供）

兩層樓設計，空間規劃候車室與售票大廳。大門上方有雨遮，無興建車寄，
外牆設計拱門造型，鑲入對外窗紅白相間，是後火車站的特色。

後站設立後，配合道路闢建與後驛一帶土地重劃，進出站人口不斷增加，
原先的田園和荒野紛紛成為住宅和大樓。到 1980 年代前期，後站到愛河南
岸之間的區域已大體開發完成，也奠定日後高雄中軸線跨越愛河往北邊凹
子底發展之基礎。

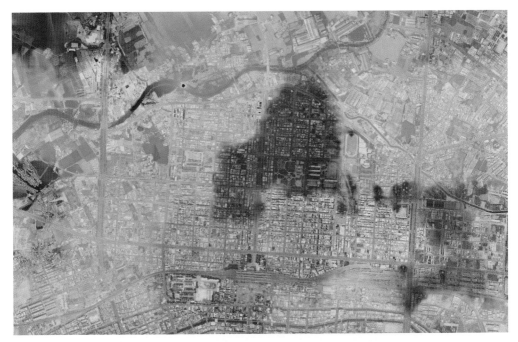

1980 年代前期後站空拍圖。當時後站地區大體已開發完成。（中央研究院臺灣百年歷史地圖網站）

中山地下道——串接城市動脈，打造都市中軸線

由交通部鐵道局南部工程分局第二段卸下，移交高雄市立歷史博物館保存的中山地下道橋銘牌，見證了高雄城市南北中軸線貫通的歷史。（本館提供）

橋梁或隧道銘牌為記錄名稱及竣工時間，可說是橋梁、隧道的出生證明，多由地方首長題字，可視為施政成績。銘牌通常有 2 塊，分別立於兩端入口位置。這塊「中山地下道銘牌」是中山地下道（又稱中博地下道）進行回填及拆除地面設施的工程中被幸運保留下來。當時負責拆除地面引的主事工程師、現已為交通部鐵道局南部工程分局第二工務段段長的張維舜某天巡視工地時，意外發現北口（博愛路）的銘牌還未拆除，便指示現場施工工人要將銘牌卸除後移送工務段保存，至於南口（中山路）銘牌早在張段長發現時就已拆除殆盡。張段長從中山地下道回填工程開始，已在高雄車站的工地服務，幾乎見證高雄鐵路地下化的所有工程。

攤開現今高雄市地圖，不難發現從左營博愛路，可一路至小港的中山路，幹道由北至南行經左營、鼓山、三民、前金、新興、苓雅、前鎮，抵達小港，共經 8 個行政區，隱然成為以高雄車站為中心的城市中軸線。然而，在 1987 年前的城市發展，仍然出現站前南北岐異的歷史進程，主因還是鐵路分界，因此，中山地下道可謂是弭平城市南北發展落差的重要建設，銘牌是見證這建設的文物。

連接城市中軸線的地下道工程

城市中軸線是組織城市空間的重要手段，透過軸線可以將城市組成有秩序的整體，展現合理的權力分配。中軸線可以是具象的交通幹線，聚落發展沿著幹線而生，亦可是抽象的空間分布。透過軸線，區分都市空間結構，讓各司各職定錨於城市之上。軸線分布最早可追溯至西方的希臘城，亦或是中國古城，都城的設計都隱約可見軸線概念。在中國，知名的唐朝長安城便以軸線作為空間區分的界線，如〈木蘭詩〉中的名句——「東市買駿馬，西市買鞍韉」，即說明早期都市中發展中隱含了軸線分布的概念。

城市中軸線至明清時期的北京城體現得最為明顯，紫禁城居其中，以軸線對應星辰，意寓皇權的絕對權威。皇城之外，官署衙門、街井鬧肆，依序分布，不容僭越。因此，中國自古便以城市中軸線象徵權力的延伸。

現代化城市則是以奧斯曼男爵（Eugène Haussmann, 1809-1891）於 19 世紀中葉的巴黎推動的改造計畫最具代表，又稱為奧斯曼計畫（travaux haussmanniens）。改造計畫出於對都市治理與改善公共衛生的緣故，拆除巴黎中世紀街區以開闢大道、型塑軸線、並興建下水道，軸線端點匯集處，是最重要的城市重心，像是香榭麗舍大道（Avenue des Champs-Élysées）的兩側分別為凱旋門與羅浮宮。日本在明治維新時期的「全盤西化」政策，學習了西方國家 19 世紀以來以建築管制改善公共安全與衛生的「市區改正」，也延伸到臺灣的經營治理。

有趣的是，高雄州於 1936 年（昭和 11 年）的都市計畫已可見到城市空間分布規劃，但當時並未企圖將「高雄新驛」打造為城市中軸線的端點，而是以「表玄關」定位新驛。新驛啟用後，無論交通亦或市民精神記憶上，早已將車站內涵為城市樞紐。

高雄市經歷 1960 年代後高雄港擴建、加工出口區的設立，吸引了大量人口移住，加上高雄市政府於 1970 年代開始將凹子底地區列入新都市計發展計畫，並預作行政副都心，都促使北高雄人口大幅躍升。1960 年代高雄市現住人口僅有 46 餘萬人，至 1979 年（民國 68 年）7 月改制升格直轄市時，人口已超過百萬。若僅看後驛、凹子底所在的三民區，人口從 1960 年 4.2

萬人，成長至 1980 年代的 23.5 萬人，人
口成長幅度遠超平均值。

人口成長隨之帶來的便是交通問題，為加
強前後站連結，高雄市政府陸續興建民族
陸橋、中華地下道、自立陸橋等立體式跨
越鐵道的橋梁或地下道設施。即使如此，
上班時段塞車情形仍相當嚴重。根據當時
工務局統計，民族陸橋每天上午 7-9 時、
下午 5-7 時兩個上下班尖峰時刻，一共
有 9,700 餘輛小客車通過，自立陸橋則有

跨越鐵道的民族路橋是早期高雄聯絡前後站的立體設施之一。
（國史館提供）

3,204 輛、大順陸橋有 4,910 輛，中華地下道則為 5,688 輛，足見當時南
北高雄交通的往來頻繁與擁擠程度。

建立中山路與博愛路聯絡道的消息，早在高雄市政壇傳開，其中 1977 年
第 8 屆市長競選時便有候選人將打通中山路與博愛路的聯絡道作為政見之
一，但當時地方上卻有傳聞是因為其家族在博愛路購了數十甲土地，所以
才要開闢博愛路。當然，這樣的傳聞遭到當事人的否定，為了自清，當選
後對於中山地下道的建設計畫並未積極推動，任內均以工程技術難度過高、
工程預算尚未編列等原因，讓中山地下道停留於規劃階段。

中山地下道的建設工程，在楊金欉市長任內有了實質性的進展——當時是
由市府的公共工程處負責辦理並委託顧問公司設計，1984 年底完成規劃設
計，並委託榮工處負責施工，隔年 5 月開工興建。中山地下道工程的貫通，
當時考量以不影響日治時期興築的車站本體為主，規劃由中山路二號運河
北側入口，過建國路後，以圓弧線西彎繞過高雄前後站站房，再穿越九如
路，由博愛路遼寧街口北側出口。地下道全長 864 公尺，高 4.7 公尺，隧
道部分長 475 公尺，寬 32 公尺，雙向各 3 線快車道和 1 線機車道；引道
則為 389 公尺，寬 24 公尺，設 4 線快車道和 2 線機車道。在施工上採用
了「預鑄連續壁」及「管幕工法」二大建築工法，耗資新臺幣 13 餘億元。

中山地下道的完工，就短期效益而言，有助於疏解原聯結前後站之民族陸
橋、自立陸橋等的車流壓力，據統計中山地下道每小時能有 3,000 至 4,000

輛的車流消化量，加上不用刻意繞路，讓高雄車站前後站連為一體。長期而言，中山地下道的通行，對於城市南北交通提高了便捷性。更重要的是，隨著博愛路的打通，加強了楠梓、左營、三民區的聯絡，隨著博愛路跨越愛河，通往左營，再配合都市計畫通盤檢討，不僅使後驛地區發展加速，並帶動如河堤社區等建設，也使北高雄整體的發展更為活絡。

1985 年 5 月，歷經 3 任市長規劃的中山地下道終於開工，由時任市長許水德負責進行儀式。（本館提供）

1987 年 10 月 10 日，中山地下道於市民引頸期盼下，終於完工通車，並舉行通車大典。（本館提供）

中山地下道採用繞彎的方式繞過車站站房本體，此圖為中山地下道施工情形。（本館提供）

1988 年中山地下道內部情形。（國史館提供）

中山地下道設施模型。（國史館提供）

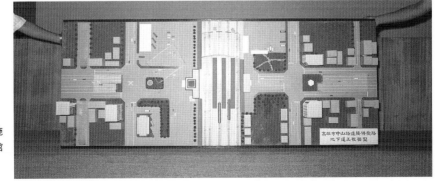

一點都不臨時的「中博臨時高架橋」

高雄市民於 2021 年（民國 110 年）之前行經車站前，一定會見到如瀑布般的紅燈停等車潮，以及因「伸縮縫」造成汽機車行駛中的顛簸，應該是高雄市民對於這座臨時性便橋印象最深之處。

時間回到 2001 年初，為配合辦理鐵路地下化、高鐵與捷運三鐵共構計畫，中山地下道路線因穿越地下化後的車站本體及高雄捷運 R11 站，施工期間勢必需要拆除。為避免影響周邊交通車流及動線，由交通部鐵路改建工程局（下稱鐵工局，後改為鐵道局）設計一座跨越車站主施工區域、車站月臺的高架橋，預計到地下化工程結束後拆除，以新的中博地下道取代。

因此，中博高架橋從 2001 年 9 月開工，設置第一階段的引道設置工程，橋梁由八德一路路口，沿中山路往北跨站區至博愛路，終至熱河一街，全長為 733.68 公尺，採雙向各 2 線快車道及 1 線慢車道。2002 年 3 月，高雄帝冠式車站熄燈、臨時站啟用。同年 8 月，保留下來的車站本體遷移完成後，便開始設置高架橋。因為高架橋屬於臨時性便橋，考量施工成本及便捷性，且涉及到台鐵局營運，因此高架橋的設置需要縮短施工工期，減輕施工期間對車站周邊的影響。橋梁主體以鋼承鈑系統為主的結構，當時為穩固橋梁，其基樁深達 60 米。隔年 5 月 5 日，高架橋完成啟用通車，此後才將中山地下道封閉回填。

2003 年高架橋完工通車前夕，與中山地下道一同擔負引導車流穿行的重任。（謝明勳提供）

中博高架橋穿越車站站體，此影像可見作為願景館的帝冠式車站、高雄車站臨時站及第三、四月臺天橋。（謝明勳提供）

中博高架橋於 2003 年 5 月 5 日完工通車啟用至 2021 年 2 月 27 日卸下便橋任務，長達 17 年 9 個月之久。圖為當時的通車典禮邀請卡，可見已完工的高架橋及正在使用的地下道。（謝明勳提供）

16 年後，2018 年 10 月 14 日高雄鐵路地下化第一階段完工通車，高雄市政府陸續拆除或回填 14 座跨越鐵路的立體設施。中博高架橋因車流量較大，影響層面較廣，故延遲至 2021 年 2 月 27 日封橋，日夜趕工，終將工期壓縮至 9 天時間，拆除高架橋南北引道，改以平面道路——站西路作為連接中山、博愛路的環抱式道路跨越高雄車站。至此，中博臨時高架橋正式卸下其任務，雖名為臨時，但存在的時間卻超過「中山地下道」，承擔了 21 世紀初高雄城市動脈的重要使命。

正在拆除中博高架橋北端引道的珍貴影像。（謝明勳提供）

再見高架橋／再現地下道？──站東路與站西路的定案

高雄車站是高雄地區大眾運輸轉運的中心，周邊不僅有各種交通轉乘設施，如捷運及國道客運、市區公車等，亦有中山路、博愛路的龐大車潮穿越高雄車站。2018 年（民國 107 年）10 月，第一階段鐵路地下化完工啟用後，高雄市政府隨即展開沿線跨越鐵道的立體設施拆除及綠園道的美化工程，2019 年 3 月起，由青海陸橋開始，陸續完成鳳山青年鋼便橋、自立陸橋、大順陸橋、左營地下道、自強陸橋、維新陸橋、中華地下道及民族路機車鋼便橋等。2021 年 2 月 27 日由市長陳其邁宣布拆除中博臨時高架橋，象

徵地下化工程進行邁向最後的階段，將由環抱高雄車站的站東路與站西路平面車道重新串接博愛路與中山路。

有趣的是關於中山地下道的存廢，其實曾讓中央與地方持續過很長時間的討論。原因在於隨著捷運及鐵路地下化工程進行，車站地層環境已不若1980年代單純。正如前言所述，在初期規劃高雄市區鐵路地下化工程時，便預計興建中博地下道，以重新串接南北高雄。2006年行政院核定高雄車站於站體下方設置地下4層，第一層預留給中博地下道，地下二、三層為台鐵穿堂層及月臺層、地下四層為捷運月臺層。2009年再次檢討修正計畫，評估高雄車站動線設計及增加轉乘空間，將原先預留給中博地下道的地下一層改設計至第三層，第一、二層保留給台鐵局使用，第四層仍為捷運月臺。

高市府對於是否恢復地下道亦有多次討論，主要考量捷運完工通車後，中博地下道如設置在地下第三層，僅離捷運軌道2.6公尺，會有安全疑慮；加上引道深達地下3層，封閉空間的廢氣排放影響通行者的健康，另外再衡量如車流行經地下道無法促進車站周邊商圈發展等各項原因，因此於2009年10月擬訂了「研究中博地下道取消改走平面道路」方案，此階段市府對於取消地下道的措施已有定見。2011年3月，時任市長陳菊親率高市府官員至鐵工局聽取簡報，以確認中博地下道是否取消興建。中央與地方，對於是否取消中博地下道的設置，仍有些歧見，主要原因在於如何處理通過車站的大量車潮，不致於影響車站周邊轉乘及市民生活，而且若改採平面車道，勢必更動既有地下化鐵路工程的設計，變動不可謂不大。

在中央與地方經過多次討論後，終於2012年3月鐵路地下化建設計畫都市發展專案小組第6次委員會中確認取消施作「中博地下道」，並由鐵工局提供經費，由高雄市政府辦理高雄車站站區暨周邊交通改善及優化作業。2021年3月8日中博高架橋引道拆除後，站西路先行雙向通車，待遷回高雄帝冠式車站本體後，於2022年10月29日開通站東路，環抱車站的平面道路正式通車。

因車站而
聚集的日常—
車站周遭的各行各業

1941 年高雄新驛啟用後立即成為城市南來北往的交通樞紐。1950 年代以後，高雄車站更成為連結旗山、美濃、小港及鳳山的交通節點，站前的公車總站，通往舊市區及高雄縣，每天從高雄車站進出的鐵、公路客運旅運人數高達數萬人次。交通便利帶來人潮聚集，也牽引車站周邊產業迅速發展。不僅有提供外來旅客住宿的旅宿業、機車租借及代管、學生聚集的補教業、速食業、書店，還有知名的成衣、電子街，也有各種休閒、娛樂業，集結成為一大特殊商圈。本講主要介紹在高雄帝冠式車站遷移前，2002年以前聚集於車站周邊的各行各業，有的產業隨著大眾消費型態的改變逐漸沒落，有的商圈則是因為地下化工程的進行而消失。因此我們就來盤點一下，車站旁曾經聚集了哪些行業。

旅館書店一級戰區

一提到車站,很難不想到服務旅客的旅宿業。高雄車站為應付龐大的旅運人潮,在高鐵尚未通車之際,往來南北的商販洽公人士,多會選擇於高雄投宿。為方便旅客投宿,大大小小的旅館林立於前站的建國路、中山路、八德路,以及後驛的九如路、安寧街、博愛路一帶,有如旅館專業區,是市區旅館最為密集的區域。鄰近高雄車站中最知名的旅館當屬位於建國路上的長春旅社,位置約略靠近今肯德基速食店,是由來自旗山溪洲的柯正樹開設。長春旅館有前、後棟,後棟的4層建築為戰後初期車站前最明顯的地標之一。

1947年(民國36年)3月二二八事件消息傳到高雄,高雄中學學生與駐紮車站的部隊因溝通交通問題發生駁火。後軍隊為整頓高雄市區秩序,甚至以長春旅社為聯絡站,直到9日才告一段落,長春旅社也持續經營至1990年代,幾乎見證高雄城市的興起。1990年代的高雄車站前幾乎是旅宿業一級戰區,知名的飯店有建國二路的國統、國眾、瑞京;建國三路的皇都、巧倫、喬統、固興、自由之家;建國四路上有國際、勝發,再加上

位於八德路與中山路前的臺灣大飯店。(本館提供)

高雄車站前曾有不少書店。（國史館提供）

九如路、博愛路及中山路的旅社，達到 28 家之多，整條站前建國路，幾乎達到 3、5 步便有一家旅舍的規模。

1990 年代時建國三路還有一項特點，即是書店相當多，主要是因為學生及旅客聚集，一些老字號的書店，如光統、黎明、三民等均在建國路上設有門市，因此建國三路也是知名的「旅館書店街」。

課後補習街

其次，車站因交通便利，通勤學生加上又鄰近高雄中學，匯集大量學生族，中山路及靠近站前七賢路一帶的巷弄間匯聚成有名的補習街——臺北的南陽街也有類似的特點。補習班招牌林立，從升大專院校，到國高中課後的各種文理數補習班，一到傍晚學生們便熙熙攘攘聚集於此。平日的補習班通常下午 6 點上課，上課前學生們會先在附近覓食填飽肚子，連帶也使得站前的小吃攤、餐飲業繁盛。該地區的餐飲業不僅造福學生，也服務許多南來北往的旅客及司機。

站前中山路是高雄補習班的聚集地。（國史館提供）

站前的七賢路亦是另外一個補習班戰場。（國史館提供）

欲更上一層樓　窮千里目

建志補習班　祝賀同學　金榜題名

放榜後，我們提供下列服務，與您共渡美麗時光

歡迎參加　聯歡活動

招生公告

本班同學請持願報考，成績單來班登記，以便安排旅遊及聯歡活動，並選出績優同學頒發獎學金

①建志高一英數先修班7月28日上午九時開課
②建志升高中秋季班，即日受理報名訂位，8月13日起陸續開課

建志補習班升高中教學中心

班址：高雄市七賢二路231之一號
電話：2216651~7
服務：2816615

高雄車站前補習班廣告。（《臺灣時報》）

車站前後站的成衣商圈及皮鞋街

相較於鄰近松山車站的知名五分埔成衣批發，在高雄車站附近亦有南臺灣成衣業者聚集的區域——成衣商圈緊臨高雄車站，可以分為站前的長明街及後驛的天津街、安寧街兩個區域。會有成衣業的聚集，主要是因為車站交通便捷、人潮聚集，加上 1970 年代加工出口區出現勞力密集的成衣製造業，連帶使臺灣成衣業急速發展，憑藉這樣的背景，依靠車站聚集的成衣批發商，也約略出現於 1970 年代。

前站的長明街成衣市場，位於車站入口左側的小巷弄中。理論上，靠近車站的區域應該經營飯店及餐廳，更能發揮其經濟效益。然而，長明街發展卻因民族陸橋阻隔，加上街道狹小，發展有限。1970 年代初有幾家成衣批發商發覺長明街租金便宜且毗鄰車站，不但有地利優勢、外客補貨亦相當方便，漸有批發商聚集，最興盛時期業者多達 200 餘家，粗估每月營業額達到 3-4 億元，從 T 恤、大衣、毛衣、上衣、外套、長褲、裙子、飾品配件都有，業者們在此進貨，批發出貨給下游商家，也兼營零售。

然而，2000 年（民國 89 年）前後，因為大賣場及百貨公司的興起，消費型態漸漸轉變，加上廉價進口成衣的挑戰，都使獲利逐漸下滑。另外，高雄車站從 2002 年起進入車站遷移的交通黑暗期，都使得長明街成衣業快速落沒，即使市府致力推動長明街成衣商圈的建置，也難抵商業重心轉移的事實。

後驛的安寧街、重慶街及漢口街，最鼎盛時期曾經聚集了近 200 家成衣商店，與前站的經營型態類似，亦是批發兼營零售，但主打的特色是業者以跑單幫的形式從韓國、香港、泰國及中國大陸地區等地批貨進口，再轉銷給臺灣中部以南的零售商，各種配件、皮包、皮帶及流行服飾，款式一應俱全。2003 年時，成衣業甚至還自主成立商圈。目前，安寧街上仍聚集數

位於長明街上的服飾店。（呂奇提供）

位於後站的安寧街，仍是成衣批發的聚集地。（莊建華提供）

靠近後站的天津街，仍是成衣批發的聚集地。（莊建華提供）

大連街是後站著名的皮鞋街。（莊建華提供）

十家服飾商行，成為高屏地區成衣批發的主要集散地，與鄰近松山車站的五分埔成衣商圈有著共通特性。

車站附近亦有號稱皮靴總匯的大連街，從後站的九如路轉進大連街，便能看到數十家的皮鞋齊聚。相較於前站，後站區域相對發展較緩，由於交通尚稱便利，加上租金低廉，吸引許多皮鞋業者聚集於此，從1970年代後期，大連街就逐漸成為皮鞋販售的重心。皮鞋街特色是主打自製自銷模式，集「文武市」於一條街上，工廠、大批買賣及門市全都匯集於此。無論是購置新款皮鞋，亦或是修整舊皮鞋，均能在大連街上找到手工精細的師傅處理。甚至當時還傳出因為皮鞋店太多，店家不知道要怎麼取名，因此用了「男的皮鞋」、「女的皮鞋」當作招牌的趣事。最鼎盛時期大連街聚集近20、30家皮鞋店，成功打響皮鞋街名號。

隨著大賣場及網路消費的興起，加上部分業者的惡性競爭、租金及製鞋成本提高，讓皮鞋街的盛況不再，部分皮鞋店已歇業轉營小吃店、西藥店及水電行等。但這裡依舊有不少手藝精湛的老師傅及皮鞋老店，總是吸引行家不辭千里來到大連街修理皮鞋及採購。

電腦 DIY ── 電腦街

車站因其便利的交通特性，容易形成產業聚集效應。1990 年代隨著個人電腦日漸普及，臺北出現了光華市場、中華商場等大型電腦商場，吸引了宏碁、大眾及倫飛等當時知名電腦品牌以及電腦零組件商前往設櫃，帶動臺灣電腦產業的發展。一開始高雄並沒有這樣知名的電腦商場，直到 1993 年（民國 82 年）12 月 11 日，建國電腦商場開業，是高雄首個以電腦百貨為主的商場，吸引了大眾、倫飛、旭青、亞洲，甚至是 IBM 等 22 家電腦業者，承租了 31 個專櫃，吸引年輕學子、辦公人士來此地添購設備。看到建國商場的成功後，許多業者陸續加入建國路商區，如順發電腦成立順發 3C 百貨等，讓建國路一度有 5 個大型電腦商場，加上附近 30 多家電腦公司自行成立的門市，形成高雄版電腦街。

位於長明街上的電子、音響店家。（莊建華提供）

建國二路的電腦街，則聚集數百家電腦商店，桌上型、筆記型電腦、軟體、電玩、電腦書籍、周邊商品及耗材一應俱全，在高度競爭下，價格非常有彈性，可說天天都是資訊月，天天都便宜，除新品外，還有二手電腦及零件，消費

建國二路電腦一條街。（莊建華提供）

者可用新品 1/5 到 1/2 的價格，買到需要的商品，喜歡 DIY 自組電腦的學生族常到此尋寶找零件。當時有新聞媒體估計商場營業額每月都超過 1 億元，亦讓建國路成為南臺灣最大的電腦街、電腦產業鏈。

鄰近的長明街亦吸引不少電腦周邊店家駐集，從積體電路版等學生實習用的零件，到專業的音響器材、專業喇叭應有盡有。至此建國路及鐵路新村的長明街，不僅有成衣批發，還有電子零件、音響設備等等的販售店家，成衣街與電子音響街共榮共存，構成車站前最獨特的年輕人消費指標。

高雄意象——六合夜市

隨著外來人口大量擁入市區就業、就學，高雄市的人口快速成長，1976 年（民國 65 年）高雄市迎來第 100 萬人口，車站周遭也因交通便利發展出娛樂產業，其中最知名的就是離車站步行僅數百公尺「六合夜市」。六合夜市歷史幾乎伴隨車站發展而生，早期稱為「大港埔夜市」，1962 年高雄市政府成立攤販集中場，冷飲熱食、山產海鮮、南北口味於此處一應俱全，許多觀光客至站前確認住宿後，可漫步至此覓食，也因此「六合夜市」幾乎成為高雄市最為知名的觀光景點。六合夜市也是高雄市最早設立行人徒步區的夜市，攤販以小吃為主——海鮮店、山產店及各式餐飲，還有地方風味小吃——如南臺灣知名的鱔魚意麵、切仔麵、虱目魚麵線、燒肉粽等應有盡有。據 1980 年代高雄市政府衛生局統計，全盛時期的六合夜市共有 80 餘家的固定攤販，可以想見當時六合夜市的繁華程度。

六合夜市。（本館提供）

站前不夜城

車站前人流匯集，消費力龐大，車站又是南北來往的起訖點，周遭匯聚了旅客、客貨運司機所需的小吃攤、速食店、便利商店、檳榔攤、三溫暖、冰果室，這些店家也多為 24 小時全天經營。這樣的消費型態多集中於站前的新興及前金兩個重要商業區，也發展出「夜貓族」、「不夜城」的文化特質。

另外一種不夜城的休閒消費型態，也在站前悄悄形成。最早期的歌舞廳，多集中於八德路、七賢路一帶，其中最有名的如 1975 年（民國 64 年）出現的藍寶石歌廳，幾乎是臺灣秀場文化的代表，也因為觀眾捧場，歌舞廳紛紛請重金聘請知名藝人南下主持、演出。歌舞廳外還有年輕人流行的狄斯可舞場、撞球場、MTV 視聽中心等，這些娛樂消費場所，多集中於建國、中正、中山、七賢路上，幾乎圍繞著車站而立。這樣的不夜城消費型態，也多有黑道勢力干預其中，常給人車站區域治安不佳的印象。

高雄車站，不僅是高雄人的門戶，更因為大量的人潮聚集、牽動區域產業型態的改變。除了上述旅宿、補教、書店、成衣、皮鞋、電腦及六合夜市等各種消費娛樂及產業發展，巷弄間也別有天地。除了同愛街上的補習班外，在中山一路巷弄中還有鮮為人知的海鮮批發聚集地，依著站前老廟保

藍寶石位於同愛街上，亦離車站相當的近。（本館提供）

車站前的夜總會廣告。（本館提供）

安宮，匯集經營海鮮批發的商家。據當地人所稱該海鮮批發已在巷弄間超過 40 年，是鄰近餐飲及夜市的貨源，主要以蛤蜊、各式生蠔、牡蠣批發為主，因此此區還有蛤蜊海鮮街之稱。

2002 年車站遷移後，鄰近高雄車站周邊的相關產業，也悄然發生變化，加上商圈轉移、消費型態驟變，都讓高雄車站前的產業能量大不如前。隨著 2021 年高雄車站遷回舊址，也期待老高雄人對車站周邊的產業繁華記憶也能一併尋回。

位於站前巷弄間的海產批發。（莊建華提供）

高雄車站周邊產業聚落分布簡示圖。（編輯繪製）

第9講
站前的公路交通
及轉運系統

每逢佳節倍思親，尤近年終歲暮，遊子思歸，無不抓緊時間搭上返鄉車潮，回家省親。現今網路科技發達，購買一張車票，靠的是網速，在電腦或手機上搶購車票，但在還只能臨櫃購票的年代，每逢年節便會在車站上演「車票爭購戰」。此時，大家拚的是手腳並用的體力、耐力。對台鐵局來說，每年春節連假亦如臨大敵，需要及早訂定春節疏運計畫、加派人力、加開列車。而正因為購票不便，導致黃牛票、偽造車票的情形時有所聞。

早期每逢連假，車站便出現大排長龍購買車票的情形。（國史館提供）

1979 年（民國 68 年）3 月，高雄與臺北、臺中 3 站同時開辦旅客可以電話訂票後，到站取票的業務，但仍無助於根絕排隊搶購的狀況。當時流傳的小技巧是以購買來回票的方式，在起點站便將回程車票劃好，免得回程時再受一次排隊苦。這樣年節排隊搶票的情況一直到台鐵局陸續改善電腦

售票系統，開放電話預訂取票才漸趨緩和。1996 年春節首次開放電話預訂後郵局取票、網路預約訂票方式，終結了年節大排長龍的搶票狀況，取而代之的是凌晨 6 點起床訂票的電話大戰。

車站不僅作為鐵路運輸的終點，更具備轉運機能，完善轉運系統，能讓鐵路運輸發揮最大效益。日治時期，臺灣總督府便以城市轉運樞紐設計高雄新驛，提供公共汽車轉運的腹地。旅客及通勤、通學的人潮於此匯集，再向市區流動，成為車站前的日常場景。隨著城市發展，人群往來頻繁，都讓鐵公路運輸備受考驗，因此，才有上述漏夜搶票的戲碼及後續野雞車的興起等發展。本講主要以介紹高雄車站為核心的各種轉運交通工具，來說明車站的轉運功能。

國道客運與「野雞車」的興起

1950 年代，隨著臺 1 省道的修築及公路瀝青路面的廣泛鋪設，短程城際交通漸為公路運輸所取代。臺灣早期的公路運輸是由臺灣省政府交通處公路局，也就是老一輩所稱的「公路局」壟斷。公路局在高雄車站處設置有高雄東站，經營了由高雄通往臺南、屏東、嘉義及臺中（當時到臺北，必須於臺中換車）等的金馬號、金龍號班車路線。

1980 年（民國 69 年）依據《公路法》規定，公路局將運輸業務獨立出來成立臺灣汽車客運公司（下稱臺汽客運），成為當時中長程運輸的唯一合法經營業者。臺汽客運中的中興號、國光號，都強調以當時最新穎的冷氣客車執業，其中，美國整車進口的國光號更供應書報、書刊、開水，配有服務員、洗手間及坐臥兩用的絨布座椅，大馬力的客車成為當時最時髦的長程出行交通工具。

真正使公路客運蓬勃的關鍵，還是因為 1978 年中山高速公路（國道 1 號）通車——高速公路的開通讓高雄往來臺北的旅運時間縮短至 4.5 小時，加上公路運輸便捷及車輛的靈活安排，都再再推進客運營運飛速成長。臺汽客運在高雄車站建國二路段設有高雄東站（屬於第三運輸區，負責西螺—屏東）、在南華路上則設高雄南站（屬於第四運輸區，負責屏東—花蓮玉

里），東站經營往臺北—臺中—嘉義—臺南路線，南站則負責經營屏東—枋寮—恆春—墾丁及臺東等路線，其中北高的黃金路線就是由最新穎的國光號擔綱。

臺汽客運公司因屬政府經營，票價及路線調整皆需經省政府同意，無法因配合市場需要、成本管控等考量即時靈活調整，但憑藉著「唯一合法」的國道客運業者，的確經歷了一段風光歲月。在年節時也常出現大批返鄉旅客將臺汽高雄東站擠爆的現象，需要不斷加班車調度，以疏解旅運人潮。這也讓不少遊覽車業者嗅到了商機，私自開設站點，以更低廉的票價、班次調度、裝備更好的車上設備，甚至播放電影或錄音帶，提高攬客成功率。

高雄車站前後站的建國路、中山路、九如路充斥著不少這樣的「野雞車」私下攬客，非法經營起國道客運。所謂的「野雞車」，其實就是指沒有獲得政府同意路權而私自攬客經營客運業務的車輛。野雞車由來已久，自公路局壟斷公路運輸以來，不少業者就私自利用車輛進行載客，在國道還未開通前，便馳騁於省道之上。高速公路通車後，更加速野雞車的發展。1980 年 7 月，政府為解決野雞車問題、擴大臺汽運營能量，推出了以「租用」民間遊覽車掛上「中興號」招牌，經營臺北—臺中及臺北—高雄 2 條路線，並允許遊覽車進入高雄東站載客。

然而，不少業者仍有私下載客，或不按照行駛路線讓旅客上下車等行為。當時野雞車已發展到客滿即發車、或有固定排班的規模，即使警察嚴查、風聲鶴唳，也能派出黃牛在高雄東站攬客，再用計程車載送至更遠的六合路或後驛的安寧街搭車。加上部分野雞車業者與當地政商關係盤根錯結，因此，市政府雖數度聯合稽查、明令禁止，仍無法禁絕野雞車出沒。

野雞車的盛行，大大衝擊臺汽客運的經營，根據 1984 年的統計，當年配合市警聯合針對野雞車嚴格取締後，臺汽高雄東站單月的營業額，竟比稽查前提高了 20%。雖然政府嚴格取締，讓野雞車不再明目張膽的拉客、載客，但台鐵、臺汽鐵公路運輸無法負荷來往北高旅客運量的成長，才是野雞車死灰復燃的根本原因。1987 年高雄車站經營野雞車的遊覽車業者有「全程」、「西海岸」、「世昌」、「全行」、「中泰」等 5 家，1988 年已經成長至 8 家。

1987 年，政府宣布開放國道客運路權，隔年業者籌組「統聯客運」申請國道客運業的經營，雖歷經臺汽抗爭、購車風波等諸多因素，終在 1990 年 3 月 17 日上路，成為第二家合法上路的國道客運業者。統聯客運高雄站就設在車站前的建國二路上。隨著國道客運開放，不少野雞車業者趁勢崛起轉型至國道客運業，搶占大餅。其中，1999 年，由世昌客運改組的「阿羅哈」客運，成為臺北—高雄黃金路線的第三家經營者。阿羅哈客運主打高品質與尊緻的服務策略，甚至提出人體工學電動座椅，只有 19 個舒適座位，採用比較有衛生概念的蹲式馬桶，以及每位乘客 500 萬平安保險等等措施，讓國道客運業邁入嶄新的時代。

位於建國路上的臺汽客運站。（國史館提供）

高雄東站擠滿了返鄉人潮。（國史館提供）

曾風光一時的高雄東站轉運站，隨著鐵路地下化工程的進行，也只存於記憶中。（謝明勳提供）

國光客運停止營業前的高雄站內候車大廳。（謝明勳提供）

縣市區公車轉乘

日治後期高雄市內的市區公車是由 1928 年（昭和 3 年）高木拾郎所創辦的「高雄共榮自動車株式會社」所經營，市區外鳳山、旗山、小港、岡山等線，則由高雄乘合自動車會社及高旗自動車株式會社所經營。1940 年起市營巴士改由高雄市役所交通課經營，翌年帝冠式車站啟用後，為配合旅客上下車地點的轉移，市役所針對市區內巴士路線大規模調整。當時高雄新驛出發的旅客可以透過局營及市營巴士，抵達田町、市役所、吉井百貨、堀江町、渡船場、西子灣、苓雅寮及林德官等地，亦可透過市區外巴士，抵達岡山、旗山等地。1941 年 11 月臺灣總督府交通局對於巴士線路、運費及營運的株式會社進行統合整併後，成立高雄乘合自動車株式會社（高雄客運前身），專營市區至岡山、旗山等地巴士；高雄市區內巴士仍由市役所交通課經營。

1945 年（民國 34 年），國民政府接收臺灣，成立高雄市政府，並由交通課接收市營公車，隔年 4 月 1 日，市政府成立「高雄市公共車船管理處」，接辦市營公車、渡輪業務。透過 1950 年的高雄市公共汽車概況表，顯示當時由公共車船處經營的市營公車，共有 11 條路線，其中「5 號路線」以高雄車站為出發點，分別抵達鹽埕、哈瑪星、左營與前鎮等區。另外，高雄客運公司亦於高雄車站設置轉運站，旅客可由此轉搭「高雄客運」往旗山、岡山、鳳山、小港（後期更擴張到六龜、恆春、墾丁）。

高雄車站亦是市內學生專車的重要轉運站，當時高雄工業學校（今高雄高工）及高雄市立第一初級中學（今左營高中）的學校專車，亦利用站前轉運站接送學生上下課。隨著路線的擴張及公車數量的增加，1979 年高雄市升格直轄市後，高雄車站公車站已發展成擁有 48 條路線的公車路網，1988 年更擴張至 52 條線路，平均行駛 310 個班次，每日載客約有 18 餘萬人次，那時以高雄車站為首站的 0 東、0 西、1 路、45 路公車，更是通勤、通學的重點班次。

1950 年高雄市區內公車路線圖。（本館提供）

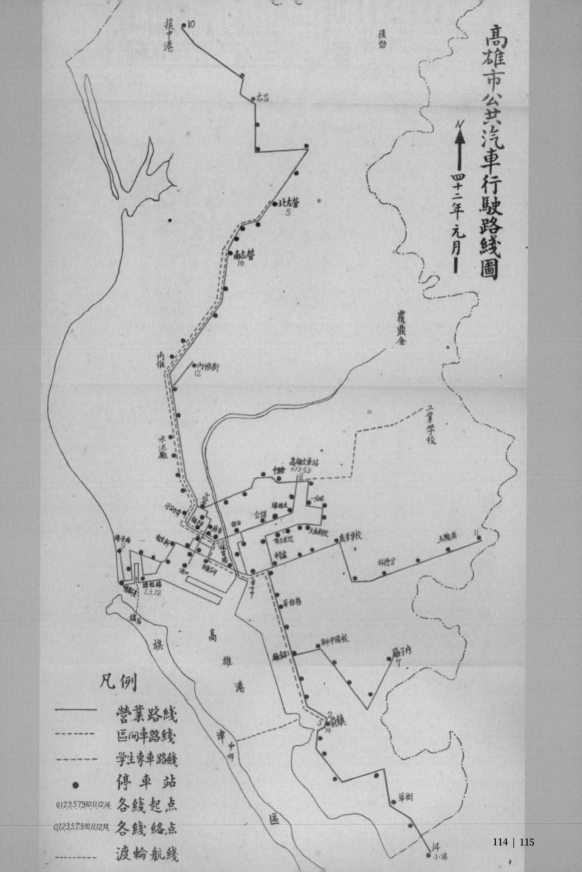

高雄市公共汽車行駛路線圖

四十二年元月

N

凡例

—— 營業路線
----- 區間車路線
---- 學生專車路線
● 停車站
Q123.57910.11.12.14. 各線起點
Q123.57910.11.12.14. 各線絡点
----- 渡輪航線

高雄市公共車船管理處公共汽車各線

第○路線（由火車站向左右轉仍回火車站）

行車輛	時間	班次	經由街道	停車站名
四輛	自上午六時三十分起至下午十時止（詳車行時間表）	平均由火車站向左右發出二十分鐘一班由同一，方向開出，76軍隔十分	建國三路街、三德西街、建國三路、北端街、建國四路、七賢三路、港口陸橋、七賢二路、五福三路、五福二路、自強二路、大同一路、夏與路、六合一路、林森一路、建國二路	1.省立男中站 2.三德站 3.三民國校站 4.河邊國校站 5.公路局站 6.第二分局站 7.富國飯店站 8.國際商場站 9.港口陸橋頭站 10.港口檢查哨站 11.百貨公司站 12.市黨部站 13.省立女中站 14.車管處站 15.前金區公所站 16.前金國校站 17.市立醫院站 18.大同國校站 19.新興市場站 20.大成戲院站 21.百貨公司站 22.二總醫院站 23.一分局站 24.日光旅社站 25.火車站

營業公里：九‧九○公里

第一路線（自火車站到渡船場）

車輛	時間	班次	經由街道	停車站名
六輛	自上午六時卅分起至下午十一時止（詳車行時間表）	平均每隔八分鐘一班由火車站發出，每日計112班次	中山一路、中正四路、中正五路、大勇路、五福四路、鼓山一路、濱海二路、臨海二路	1.農林公司站 2.大圓環站 3.瑞源米廠站 4.市議會站 5.臺灣銀行站 6.體育場站 7.百貨公司站 8.國際商場站 9.新生報站 10.港口車站 11.渡船場站 12.鼓山國校站 13.鼓山市場站

營業公里：五‧○五公里

第二路線（自火車站到前鎮）

車輛	時間	班次	經由街道	停車站名
七輛	自上午六時卅分起至下午十時止（詳車行時間表）	平均每隔十分鐘五分起由火車站發出，每日計91班次	中山一路、中正四路、中正五路、大勇路、五福四路、五福三路、成功一路、成功二路、前鎮巷	1.農林公司站 2.大圓環站 3.瑞源米廠站 4.市議會站 5.臺灣銀行站 6.體育場站 7.百貨公司站 8.市黨部站 9.省立女中站 10.壽山醫院站 11.苓雅市場站 12.苓雅國校站 13.唐榮工廠站 14.鋁廠站 15.重機械廠站 16.鋼廠站 17.前鎮站

營業公里：七‧七五公里

第九路線（自火車站到西子灣）

行車駛輛	時間	班次	經由街道	停車站名
一輛	自上午六時五十四分起至下午七時五十六分止（詳車行時間表）	平均每小時一班由火車站發出，每日計13班次	中山一路、中正四路、中正五路、大勇路、五福四路、鼓山一路、臨海二路、濱海三路	1.農林公司站 2.大圓環站 3.瑞源米廠站 4.市議會站 5.臺灣銀行站 6.體育場站 7.百貨公司站 8.國際商場站 9.新生報站 10.港口車站 11.鼓山市場站 12.鼓山國校站 13.哨船頭站 14.港口派出所站 15.西子灣站

營業公里：六‧五○公里

第十路線（自左營到援中港）

車輛	時間	班次	經由街道	停車站名
二輛	自上午六時卅分起至下午八時止（詳車行時間表）	平均每隔卅分鐘一班由左營發出，每日計24班次	介壽路、左營大道、半屏山、海軍醫院、海軍官校、右昌、援中港	1.第三分局站 2.興隆戲院站 3.左營市場站 4.北左營站 5.復興新村站 6.煉油廠宿舍站 7.海軍醫院站 8.海軍官校站 9.右昌站 10.右昌國校站 11.援中港站

營業公里：七‧○五公里

第十一路線（自體育場到五塊厝營房）

車輛	時間	班次	經由街道	停車站名
一輛	自上午六時四十分起至下午六時止（詳車行時間表）	平均每隔五十分鐘一班，由體育場發出，每日	大勇路、五福四路、五福三路、五福二路、民權一路、三多二路、三多一路	1.百貨公司站 2.市黨部 3.省立女中站 4.車管處站 5.文化住宅站 6.新興國校站 7.商業學校站 8.盛興里宿站 9.林德官站 10.五權國校站 11.五塊厝站 12.營房

營業公里：六‧二○公里

1950年高雄市公共汽車運輸概況。（本館提供）

附件二

第 三 路 線
（自前鎮到渡船場）

班次	經由街道	停車站名
平均卅分鐘一班由前鎮發出，每日計28班次	前鎮巷 成功二路 成功一路 五福三路 五福四路 鼓山一路 濱海一路 濱海二路 臨海二路	1.鋼廠站 2.重機械站 3.鋁廠站 4.唐榮工廠站 5.苓雅市場站 6.壽山醫院站 7.省立女中站 8.南華工廠站 9.勝利戲院站 10.臺灣銀行站 11.體育場站 12.大舞臺站 13.電信局站 14.新生報站 15.港口車站 16.渡船場站 17.鼓山國校站 18.鼓山市場站 19.鼓山市場站

第 五 路 線
（自火車站到左營）

車輛	時間	班次	經由街道	停車站名
九輛 營業公里 十一公里	自上午六時卅分起至下午十時止（詳行車時間表）	平均每隔十分鐘一班由火車站發出，每日計90班次	中山一路 中正四路 中正五路 大公路 鼓山二路 鼓山三路 介壽路 左營大路	1.農林公司站 2.大圓環站 3.瑞源米廠站 4.市議會站 5.臺灣銀行站 6.體育場站 7.大公路站 8.陸橋站 9.電力公司站 10.鼓山派出所站 11.鼓山區公所站 12.鼓岩國校站 13.水泥公司站 14.機械三廠站 15.龍泉寺站 16.內惟站 17.自強新村站 18.桃仔園站 19.自助新村站 20.南左營站 21.第三分局站 22.興隆戲院站 23.左營市場站 24.北左營站

第 七 路 線
（自體育場到籬仔內）

車輛	時間	班次	經由街道	停車站名
一輛 營業公里 六‧七五公里	自上午七時起至下午九時半止（詳行車時間表）	平均每一小時一班由體育場發出，每日計12班次	大勇路 五福四路 五福三路 成功一路 成功二路 復興三路 中山三路 振農莊	1.百貨公司站 2.市黨部站 3.省立女中站 4.壽山醫院站 5.苓雅市場站 6.苓雅國校站 7.唐榮工廠站 8.鋁廠站 9.獅甲國校站 10.獅甲中學站 11.大勝橋站 12.前鎮國校站 13.臺糖倉庫站 14.籬仔內站

第 十 二 路 線
（自渡船場到內惟街）

班次	經由街道	停車站名
平均每一小時一班，由渡船場發出，每日計12班次（詳行車時間表）	濱海二路 臨海二路 鼓山一路 五福四路 大勇路 大公路 七賢三路 建國四路 鼓山二路 鼓山三路 內惟街	1.鼓山國校站 2.鼓山市場站 3.港口車站 4.新生報站 5.國際商場站 6.百貨公司站 7.體育場站 8.大公路站 9.富國飯店站 10.第二分局站 11.鼓山派出所站 12.鼓山區公所站 13.鼓岩國校站 14.水泥廠站 15.機械三廠站 16.龍山寺站 17.內惟街站

第 十 四 路 線
（自前鎮到小港）

車輛	時間	班次	經由街道	停車站名
一輛 營業公里 五‧二〇公里	自上午六時卅分起至下午六時廿分止（詳行車時間表）	平均每一小時一班，由前鎮發出，每日計13班次	前鎮巷 前鎮橋 碳業宿舍 招商局宿舍 仁愛國校 草衙 佛公 小港	1.前鎮橋站 2.碳業宿舍站 3.招商局宿舍站 4.仁愛國校站 5.草衙分駐所站 6.佛公站 7.小港站

學校專車
1.工業學校自火車站到籬仔內　2.市立一中自火車站前鎮到左營

車輛	時間	班次	另區間車	預備車
四輛 （由預備車調用）	自上午七時卅分起一次，下午四時一次	平均每日行駛八班次	營西子灣前鎮鋁廠及火車站 如乘客來多時則由體育場調派加班車開往左	每天派有加班車四輛分駐火車站及體育站以

加班車　每逢星期日用加派預備車十二輛駐體育站寫　應各路線加班之需要

1941 年，高雄車站前的公車轉運站與新驛一同啟用。第一代公車轉運站為南北向候車亭，站前廣大的空間可供公車調度及休息，並附設加油站。隨著路線擴張，班次頻繁發車，站前轉運站已不敷使用，1970 年代初，高雄市政府交通局決定重建站前公車轉運站，將候車亭轉換為東西向，並增加候車空間、售票窗口及車輛迴轉空間。隨著鐵路地下化工程進行，第二代公車轉運站在 2018 年 2 月 7 日夜間，

1960 年代高雄客運通往岡山、左營的時刻表。（本館提供）

待 60 路覺民幹線、100 路、301 路三輛公車駛出後，便熄燈卸下公車站的使命。市區公車以招呼站型式暫遷至中山一路及建國三路，靜待鐵路地下化完成後，以嶄新公車轉運站再重現高雄車站站前的公車轉運功能。

1950 年代初期高雄車站前的公車轉運站。（本館提供）

站前公車轉運站。（國史館提供）

1990 年代高雄車站前的市區公路客運站。（國史館提供）

美化拉皮後的第二代公車轉運站。（謝明勳提供）

2000 年高雄公車轉運站內部情形。（謝明勳提供）

位於站前的高雄客運站。（謝明勳提供）

2013 年第二代公車轉運站及後方的高雄車站臨時站。（謝明勳提供）

私人運具的盛行──人力三輪車與計程車

車站前的轉運交通，除了市區巴士、郊區客運及國道客運外，有著更多使用個人運具所經營的營業車輛，包含早期的人力三輪腳踏車。1960 年代前，出行的交通工具還多以人力腳踏車為主，但無論三輪車或後來的計程車，都屬於個人駕駛載客，並能快速將客人送到目的地，無須等候車班，機動性極高。高雄市的三輪車伕主要來自臺南北門，並組織有工會，收取會員費用，以保護在地車伕利益為主──在高雄車站前，若非工會會員，是不允許營業載客的。為避免流動車輛過多，並阻止紛爭，高雄市政府警察局於 1959 年（民國 48 年）重新納編管理，並分配相關停車區域。隨著個人小客車日漸普及，高雄車站前的人力三輪車也逐漸被營業小客車取代。1969 年 4 月 1 日開始，高雄市政府警察局禁止人力三輪車進入站前廣場載客，也象徵三輪車時代的告終。

二戰後臺灣都市交通另一項變革，是 1960 年代開始政府允計私人經營計程車業。為了避免司機因搶客而造成糾紛，計程車從駕駛人資格審核、車輛管理、營業費率到駕駛行為等都有清楚規範。高雄車站為市內重要的交通點，自然成為計程車業者的兵家必爭之地，因此，初期常有計程車任意停靠下客，導致交通混亂。為此，1980 年代高雄車站規劃在車站右側出口處，設置計程車的排班招呼站，可供出站旅客上車；一般計程車駛入站前廣場後，便必須駛離不得載客。然而，計程車亂象頻仍，不按表收費、拒載短途等情形常見報端，更有甚者，還有黃牛至車站攬客，種種作為都讓站前的交通非常混亂。後續隨著高市府警察局、台鐵高雄站規範的排班制度及

1950 年代高雄車站的人力腳踏車排班。（國史館提供）　1980 年代的高雄車站前排班情形。（國史館提供）

1990 年代的高雄車站站前廣場，可見計程車排班及供計程車使用的頂棚。（國史館提供）

高雄臨時站前計程車排班及公車站。（國史館提供）

2025 年全部完工啟用的高雄車站設計，結合國道客運及公共汽車轉運站。（交通部鐵道局提供）

嚴格控制自營車輛進入車站，加上協商工會自行加強管理，才讓站前的計程車業者得以提供品質穩定的服務。

隨著 2002 年鐵路地下化先期工程的進行，配合著捷運通車、地下化工程的推進，車站周遭的交通轉運功能也悄然改變。預計於 2025 年完工啟用的第五代高雄車站，除原有的鐵路地下化、捷運共構站外，配合圓道路廊，重新規劃設置公共汽車轉運站（車站西側）及國道客運轉運站（車站東側）。屆時國道客運轉運站能提供 22 個停靠月臺，以便利旅客轉乘，並規劃有計程車停等區及候客區，讓站前整體轉運機能更臻完善。

第 10 講

建構新三鐵、
保留舊車站

高雄帝冠式車站不僅是城市的重要鐵路運輸節點，更是南部都會區的城市核心場站。1996 年內政部公告的「臺灣南部區域計畫」中，清楚的將高雄市定位為區域中心，其中，高雄車站更是鐵路、公路、都會捷運系統及高速鐵路系統重要交匯區，及南臺灣交通網的重要轉乘節點。

高雄都會區因為有西部幹線、屏東線、負責港口貨物運送及聯絡高雄機廠的臨港線等多條鐵道貫穿，根據高雄市政府 1994 年（民國 83 年），在市區與公路系統共有 87 處鐵路交匯點，其中西部幹線（含屏東線）有 31 處、臨港線 56 處。鐵路行經區域廣大，主要道路多受鐵路分割，造成交通瓶頸。為此，市府於 1980 年起陸續推動以立體化地下道或橋梁解決交通壅塞問題。但是因鐵路形成的分割，也會在城市發展過程中影響都市規劃及土地利用，絕非立體化設施能徹底解決。

有鑑於 1989 年臺北市區鐵路地下化工程完工後，立竿見影的解決市區內平交道停等所造成的道路壅塞狀況，並加速縫合了市內因鐵道分割的區域。同受都會區鐵路影響的高雄市民，無不引頸期盼市區也能推動地下化工程。1993 年 4 月，時任行政院長連戰於院會指示應研議高雄鐵路地下化與捷運系統結合，敲定地下化的方案，並交由交通部運輸研究所辦理可行性研究及初期規劃。1994 年 3 月，行政院甚至將鐵路地下化工程納入十二項建設。1996 年交通部運輸研究所完成「高雄都會鐵路地下化可行性研究暨先期規劃報告」，後續推動綜合規劃，當時預估經費規模需 1,159.34 億元。

龐大的建設經費成為中央及地方政府的財政負擔，行政院因此要求重新檢討工程內容及施作範圍。1998 年 4 月交通部辦理綜合規劃，由中興顧問公司取得規劃權，同年 11 月 10 日，中興工程顧問公司及交通部地下鐵路工程處高雄作業組，進駐金馬賓館（今永添藝術・金馬賓館當代美術館），重新展開綜合規劃、後續細部設計及先期工程的進行。

為配合高雄都會區捷運紅線鋪軌施工期程，2001 年 6 月 9 日，高雄臨時車站改建工程正式動工，包含建置臨時前站、後站、天橋工程及中博高架橋；

交通部地下鐵路工程處高雄作業組進駐金馬賓館。（國史館提供）

2002 年 8 月遷移高雄帝冠式車站，並著手興建三鐵共構的第五代高雄車站；2006 年 1 月 19 日，高雄市區鐵路地下化與台鐵捷運化合併辦理計畫終獲行政院核定，並於同年 10 月 29 日正式開工。後續於 2009 年 2 月、2010 年 12 月，行政院再核定將鐵路地下化由原來的高雄路段，分別延伸至左營及鳳山，並增設 7 處台鐵捷運化地下通勤車站，整體經費為新臺幣 998.69 億元。

咦？說好的「三鐵共構」？

回到高雄帝冠式車站遷移前的 2002 年（民國 91 年），當時不僅如火如荼推動鐵路地下化規劃，高雄都會區捷運運輸系統及高速鐵路運輸系統也同步辦理前期準備作業。其中，高雄都會區捷運系統規劃於高雄車站設置 R11 永久站；高速鐵路系統亦將高雄車站規劃為終點站。因此，帝冠式車站在進行遷移時，便喊出「建構新三鐵、保留舊車站」的口號，新車站的規劃也朝向三鐵共構站體為目標而建置。這裡所謂的「三鐵共構」，是指在新車站設立台鐵、高雄捷運及高速鐵路等 3 個交通工具的轉乘站體，以便利旅客快速換乘。然而在 2010 年交通部規劃出高鐵南延屏東路線的 4 個方案後，大眾赫然發現高鐵經高雄車站抵屏東的路線並非唯一選項，那高雄車站的「三鐵共構」是否消失了呢？究竟高雄車站為什麼有「三鐵共構」的說法呢？

其實，交通部運輸研究所在 1995 年時向高雄市政府提出高速鐵路第一階段研究成果中，擬定了 4 個方案，其中部分方案考量軌道建設的成本，設計高速鐵路不通過高雄車站，改於左營鐵路用地設置新站；或高速鐵路經高雄站延伸至屏東六塊厝地區。這項成果報告中提及高鐵終點站若設置於高雄車站，雖能更完善市區整體運輸網，但須增加工期及新臺幣 800 億的建設經費，這還不包含用地取得的成本。

考量到高鐵進入高雄市區成本效益不符合比例，1996 年 6 月上任的交通部長蔡兆陽提出高架化替代方案——將高鐵終點站設於左營，不延伸至高雄車站，預計可撙節 1/4 的建設經費。其實會有這樣考量，一方面是為節省高雄市鐵路地下化工程經費，加上當時的氛圍是以獎勵民間，投資政府大

型公共建設（即政府規劃建設、民間機構投資興建及營運的 BOT 方式辦理），除前期已建設完成的臺北捷運外，高速鐵路建設、高雄都會區捷運系統都是以這樣的方式辦理。其政策的背景還反映出政府囿於財政，無法同時負擔多個大型的公共建設。

然而，將高鐵終點站設於左營的提案在高雄引起各界嘩然，市政府直指交通部打亂了高雄車站的整體都市規劃設計。時任市長吳敦義對此相當不滿，揚言串連高屏地區的立委北上陳情，並在行政院會上多次與蔡兆陽唇槍舌戰，市府捍衛高雄車站三鐵共構的決心可謂相當「堅定」。

即使如此，當時仍以將高雄車站作為三鐵共構車站的目標進行規劃，考慮到高速鐵路進入市區的工程難度太高，施工期程較久，且三鐵的施工難以同時完成，因此 1997 年 10 月的跨部會協議會議上，交通部、臺灣省政府及高雄市政府初步共識在左營半屏山機九基地先設立衛星車站，並搭配捷運在左營共構，後續再以推動高雄車站的共構站體為第二階段施工目標。

最終，經過多次討論，1998 年 1 月，在時任行政院長蕭萬長的居中協調下，以拆衷方案，即「先共站（左營）、再共構（高雄）」的三鐵共站政策拍板定案——初期以左營作為高鐵站的終點，待鐵路地下化工程、捷運系統完成後，再將高鐵終點延伸至高雄車站。

有趣的是，原先高鐵左營站並無設計捷運共站的規劃，直到 1998 年經行政院確立後，為配合高鐵規劃及捷運施工時程，才規劃左營站為三鐵共構車站。這一政策導致高雄捷運需重新規劃路線，約衍生出 30 億的工程費用，當時還因為相關經費該由高雄市政府或交通部高鐵局負責處理而產生爭執，幾經協調，才使左營站完成三鐵共構的目標。

2010 年 3 月，行政院核定「國土空間發展策略計畫」，並提出高鐵南延至屏東一案，再度引起眾人關注，針對高鐵是否進入高雄車站，提出多項討論。後交通部陸續提出「共軌方案」、「沿台鐵新闢隧道方案」及「新闢分岔路線方案」。其結果仍與數年前一致，認為高鐵進入市區，須拆除車站前商圈 65 棟大樓，鳳山車站至高屏溪須拆遷民房 200 餘棟，加上高雄市政府說明高鐵若需要延伸至高雄車站，部分路段因未預留高鐵路廊，勢必

須重新挖掘已規劃好的園道及輕軌路廊，還須延後高雄車站完工期程。為降低對市民的生活衝擊，2019 年行政院拍板定案高鐵南延屏東案，以經費及效益為原則後，確定採行左營方案（經高雄鳥松、大樹至屏東六塊厝），確定高速鐵路不會進入市區。至此，第五代車站即使施作完成三鐵共構車站，在北半邊保留高鐵共構空間，幾乎已確定將改作為商業空間使用。

帝冠式車站的保存及遷移

1980 年代臺北推動鐵路地下化時，未將 1941 年（昭和 16 年）啟用的第三代臺北車站予以保留。相同的狀況，在高雄鐵路地下化工程早期綜合規劃階段，亦未見保留帝冠式車站的想法。許多如鐵道文化協會等文史團體及專家學者紛紛提出保存帝冠式車站的建議，認為高雄車站無論在建築工法、城市意象及市民記憶都是特殊的存在。然而，因

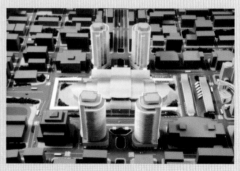

1990 年代高雄車站的設計模型，初次展現共構車站的樣貌。（高雄市政府新聞局提供）

高雄帝冠式車站尚未列入文化資產保護，無法透過《文化資產保存法》給予相關法定保存措施。

2000 年（民國 89 年）3 月高雄市政府推動以高雄車站為中心，採取交通特定區模式來帶動區域都市更新，規劃「高雄車站特定區」，面積約為 285 公頃，設有商業大樓區、辦公大樓區、商業娛樂區、飯店等，並規劃有長途巴士轉運站、計程車及小客車停泊區，結合周遭的消費、辦公、資訊服務。在這個計畫中，便提出保留帝冠式車站，以作為城市新意象的構想。

2000 年 6 月，交通部委託顧問公司評估高雄車站規劃案，對於帝冠式車站建物在「三鐵共構」施工期間及施工的去留提出了 4 案。其中顧問公司建議先拆除帝冠式車站，待三鐵共構工程完工後再於原址重建，較符合施工效益。但此時的民意已傾向保留帝冠式車站，文史團體、專家學者與時任市長謝長廷亦曾多次提到應予保留，認為車站是一個城市的中心，也是城市市民共同記憶的所在，並認為帝冠式車站的保存將是臺灣在都市發展與歷史文化保存中找到平衡點的最佳示範。

只是，該如何保存車站又成為另一個討論的重點，工程專家與文史團體進行過多次討論，甚至想將車站拆除後移置 1 公里外的民族陸橋附近再行組立，或是拆除後，待鐵路地下化工程完工後，再原地重組。就在各界對於如何保留車站，或拆除舊站原址蓋新站的議題上仍有爭執時，2001 年 8 月 7 日，高雄市市政會議上，時任新聞處長管碧玲與工務局長吳孟德率先就是否保留車站議題提出意見，管碧玲以人文都市的觀點強調高雄車站絕對有保存的歷史價值，吳孟德則以工程學的角度提出，拆掉舊站再蓋新站，雖然比起整體車站遷移更容易得多，但如此一來，城市重要的地景建築，將不復存在。經過此次市政會議後，可說是確立了市府保留車站的決心。

雖然有了保留既有車站的共識，但此時，真正困擾市政府的卻是如何籌措搬遷經費。高雄帝冠式車站本體建築面積約有 640 平方公尺，總重 2,530 公噸，顧問公司初估搬遷經費就要新臺幣 1 億元以上，除了中央政府補助外，市府仍需自籌，才能完成經費籌措。

2001 年 12 月 12 日交通部鐵路改建工程局高雄作業組邀集文史團體、專家學者進行「高雄車站既有前站帝冠式建築保留及遷移工程」座談會。工程單位指出，因為高雄捷運採明挖施工，如若需保留舊站，必須將其水平遷移至他處，待共構車站完成後再移回原地，不僅施工期程曠日費時，捷運共構車站回填後仍會沉陷，舊站遷回原址過程可能還會受損，因此拆除重建，不但可以保證建物新穎、堅固，還能節省經費。另外，還提出如捷運紅線、新中博地下道繞過車站的「就地保護」，或抬高車站在站體下施工隧道的「就地托底」等方案，都因為捷運施工的繁複配套規劃、繞經 200 餘戶民房及辦公室下方通過需龐大經費，及土地徵收問題過於繁雜等考量而作罷。最後決定採取「遷移保存」方案──先將帝冠式車站平移 86 公尺至臺汽車站前公園，待共構車站完成後，再遷回原址。

2001 年 6 月 9 日，高雄臨時車站興建工程正式動工，包含建置前、後站、天橋工程、中博高架橋等地下化先期工程。隔年 3 月 7 日，高雄帝冠式車站局部保留建築體之遷移工程正式開工，為延續近 20 年的高雄車站遷移作業拉開帷幕。2002 年 3 月 27 日晚間 11 點 41 分，在時任市長謝長廷見證下，高雄車站開出末班車，正式卸下 60 年高雄玄關之重要任務。

時任高雄市長謝長庭於車站熄燈前於旅客留言板留下字句。
（張忠義提供）

車站遷移紀實

該如何將總重達 2,500 噸的帝冠式車站主體建物，向東南方向推動 82 公尺，是工程單位的另一項艱鉅挑戰。為討論遷移工法，工程單位商討不下十餘次，提出了總掘工程、截削工法及 up-down 工法等。最後採行工期最短、費用最低、風險最小的「總掘工法」。直接以器械平移站體，雖然緩慢，但能減少站體在頂起及升降間造成的損壞，施工過程相對安全。

緣分總是巧妙，1937 年（昭和 12 年）承攬施作高雄新驛的營造公司為清水組；2002 年（民國 91 年）負責車站遷移工作的吉普營造公司，是「清水建設株式會社」在臺子公司。車站遷移工程由 2002 年 8 月 16 日起作，首先於站體旁鋪設鋼軌，運用油壓機、千斤頂以平均每分鐘 1 公分的進度進行，同年 8 月 29 日遷移至原客運總站的位置上安置，歷時 14 日，共移動 82.6 公尺。據當時負責遷移的工程技師說，那時會在機具平臺上放置一杯裝滿的水，遷移的過程皆相當平穩，未見杯水外溢。

帝冠式車站暫時安置後，緊接著進行後續工程，包含同年 10 月 7 日遷移原站前廣場的紅色鯉魚雕像及站體建物裂縫修補作業。隔年（2003 年）1 月全部遷移工程才算竣工。車站的遷移保留了高雄重要的城市地景與文化資產，也無形的改變了高雄人的生活習慣。車站遷移後為進行捷運工程，將中山地下道回填，並改設中博高架橋，以維持中山路與博愛路的串連。遷移後的高雄帝冠式車站站體，經過高雄市政府工務局規劃設置為「高雄願

景館」，作為展示高雄城市願景的建設成果，於2003年8月29日揭幕啟用。

高雄帝冠式車站的遷移為日後保存大型站體開啟了新的典範，也讓人們重新思考車站不僅是交通節點的公共設施，更是城市獨有的文化景觀。高雄車站轉移成功的案例影響了日本，2003年古都奈良JR車站進行高架化及擴建工程時，日本建築學會及奈良市民便請願保留超過70年，與高雄車站有類似建築風格的奈良車站站體。2003年奈良市決定斥資4億日圓遷移保存，隔年5月動工，將站體北移18公尺，保留下來的奈良車站，轉型為該市總合觀光案內所，繼續接待來訪此地的遊客。

以總掘工法移動的高雄車站自 2002 年 8 月 16 日起作，向東南方移動 82.6 公尺。（施旺志提供）

高雄車站遷移前，與同為重要地景的站前紅鯉魚雕像同框。（施旺志提供）

遷移中的高雄帝冠式車站。（本館提供）

完成首次遷移的帝冠式車站，緊鄰中博高架橋及臨時站。（本館提供）

結語

鐵路地下化進行曲

年輕人眼中的高雄車站──高雄車站「臨時」站

帝冠式車站為配合捷運系統 R11 車站的施作，自 2002 年（民國 91 年）3 月 27 日熄燈關站。隔日，旅運功能轉移到高雄車站臨時站（第四代車站，下稱臨時站）。與原有車站相同，臨時站在建國路與九如路都設有站房，並有連通月臺的跨站式天橋作為連絡前後站及月臺的行人走道。另外，在西側廣場亦設有連接前後站，總長 250 公尺的行人天橋，以取代原有的人行地下道。

因屬於臨時性質，規劃時便以「輕量化」的鋼骨建材為主，並搭配大片的鋁板及落地窗戶，整體呈現較簡潔俐落的建築風格。雖為臨時站，但車站及其周邊設施仍相當完善：前站共有 3 層，一、二樓有自動售票機、售票機、候車室、餐廳及速食餐廳，並設有手扶式電梯；三樓則有候車室、便利商店及剪票口。九如路上的後站亦為 3 層，因建築外觀與前站過於相似，常使初訪高雄的遊客搞混。

2002 年啟用的高雄臨時站。（臺灣鐵路管理局提供）

2018 年高雄臨時站（建國路）拆除前一樓售票大廳。（莊建華提供）

高雄車站的第四、第五月臺，其中第五月臺為當時罕見的雙層月臺設計，主要功能是分散人潮。（謝明勳提供）

拆除前的第四月臺。（莊建華提供）

2019 年高雄臨時車站（建國路）拆除景象。（謝明勳提供）

2011 年高雄車站第二月臺。（莊建華提供）

為配合高雄鐵路地下化工程施工，車站月臺陸續調整或拆除，並增設第五月臺，短暫成為月臺數最多的車站之一。臨時站拆除前，第三月臺主要供臨時性調度用；第四月臺供西部幹線北上使用；第五月臺則供南下屏東、南迴線使用。旅客由前站的剪票口到第五月臺需經過 200 公尺的漫長人行天橋，成為當時抵達高雄後的共同「記憶」。隨著 2018 年 10 月 13 日，最末班開往屏東潮州的自強號列車駛離第五月臺，當晚隨即進行鐵路切換地下工程，至此，臨時站及地面月臺也卸下鐵道旅運任務。臨時站因服務時間長達 16 年（2002-2018），或許才是現下 21 世紀年輕市民記憶中的高雄車站。

鐵路地下化第一階段完工後，鐵道局南部工程（今南部工程分局）處便展開第二階段工程施作，著手拆除臨時站、地上月臺及軌道，與後續帝冠式二次遷程的準備工程。2019 年 4 月 1 日臨時站前站拆除完成；後站則於 8 月 1 日拆除。

承載歷史記憶的綠色大道

高雄市區鐵路地下化工程遲至 2006 年（民國 95 年）1 月才由行政院再次核定計畫，並搭配台鐵捷運化，於同年 10 月 29 日在鼓山車站舉行開工典

禮。然而，在計畫核定後，左營與鳳山地區的民眾亦希望地下化能延伸至左營與鳳山。因此行政院於 2009 年 2 月 16 日及 2010 年 12 月 16 日分別核定「高雄市區鐵路地下化延伸左營計畫」與「鳳山地區鐵路立體化方案研究」，並於 2017 年 12 月合併為「高雄市區鐵路地下化計畫（含左營及鳳山）」辦理。計畫內容分別為推動左營—鳳山共 15.37 公里的鐵路地下化，並將原有的左營、高雄及鳳山車站地下化，並增設內惟、美術館、鼓山、三塊厝、民族、科工館、正義等通勤車站。

120 年前開展的高雄鐵路建設，影響了百年來的高雄發展軸線。清代鳳山縣的政經中心位於今鳳山區，在日本領臺後，主導臺灣鐵路建設的鐵道部技師長長谷川謹介，將原本規劃繞經人口較多的鳳山後再到高雄港的縱貫線，改道直行至高雄港。1908 年（明治 41 年）通車的縱貫線，帶動了高雄港的發展，也使得高雄中心逐步轉移到高雄港旁的新市街（今哨船頭、哈瑪星、鹽埕一帶），政經地位漸超過鳳山，造就今日的面貌。

然而，為滿足鳳山居民及製糖會社的需求，1907 年縱貫線通車前，先開通由打狗驛延伸至九曲堂的鳳山支線——經三塊厝抵鳳山，後隨著下淡水溪橋完工，再延伸至屏東。1941 年（昭和 16 年）第三代新驛選擇落腳大港，原有的屏東支線反而成為我們現今熟悉的縱貫線。120 年後，隨著鐵路地下化工程的進行，將使左營—鳳山一帶原有路廊騰空，桎梏百年的鐵道沿線土地，該如何重新規劃，亦成為大眾關注的焦點。

1989 年（民國 78 年）臺北市區鐵路地下化第一期工程，拆除了與帝冠式車站同期的第三代臺北車站，新建中國宮殿式的車站。原有路廊成了市區高架道路——市民大道，藉由縫合鐵路雖改善市區內交通，也減少城市發展限制，但對於都市空間改造，長遠看來並無太大助益。因此，在高雄市政府積極爭取下，2002 年以「遷移保存」方案保留帝冠式車站站體；2016 年經交通部允諾，騰空的路廊無償提供予高雄市政府進行相關規劃，並補助綠園道規劃的相關經費。

高雄市政府為辦理綠園道，依路段區位共分成 3 大主軸，原有的「高雄計畫」，由明誠四路起至大順三路，總長度為 6.9 公里，動線穿越高雄市舊有市區，途經美術館、愛河、三鳳中街、後驛商圈、高雄車站及科工館。

為與周邊商業活動及休閒觀光結合，市政府搭配在地特色規劃「美術創意藝文」、「慢活愛河鐵道」、「三塊厝文化驛站」、「科工智慧生活區」等園道主題；並為保留舊有愛河鐵路橋，利用原有鋼構橋面設置自行車道及行人步道，串聯鼓山與三民段，讓園道網絡更加完整。

延伸的「左營計畫」由高雄市政府水利局負責，範圍是崇德路至明誠四路，共 2.5 公里的路線，該路段鄰近蓮池潭、左營舊城等景點，因此在兼顧人文景點時，又須提升防洪效能，設置下沉式的滯洪空間。另外，在原有左營地上車站處，保留日治時期所建的「島式月臺及月臺棚架」；因左營舊城東門為雙城古道起點，園道區也規劃「雙城廣場」及解說牌述說歷史。除此之外，尚有沉思森林廣場、鐵軌體驗地景、果貿廣場、大地遊戲區及景觀平臺等空間可供市民休憩。

鐵路地下化的「鳳山計畫」範圍，則是大順三路至大智陸橋的 4.4 公里。市政府在大順三路至高速公路段規劃「繽紛花海」、「陽光綠坡」與「鐵道花海」、「乘風廣場」、「樹海廣場」、「暮光廣場」等「生態自然」主題空間；高速公路至澄清路段，以「歷史記憶」為主題，塑造出鐵道與舊城的意象，西側配置「鐵道記憶」與「舊城砲台意象」的主題空間，東側配合正義車站設置節點廣場、步道／自行車道與停車空間等；澄清路至大智陸橋段，以「護城河」為主題，設置「漣漪廣場」、「采藝廣場」，展現「水」的各種樣貌。

2019 年開始綠園道工程後，歷經 2 年施工，於 2021 年 8 月 31 日完工啟用。綠園道出現後，過往因火車吵雜、交通阻塞，導致鐵道兩旁難以發展的情況，也因緊鄰綠地，便捷的鐵路運輸，成為市民的居住新選擇，牽起周邊土地的再發展，區位價值大大翻轉。綠園道沿線串起綠地與車站、景點，如美術館、台泥高雄廠、科工館、高雄車站、鳳山車站等，都將因這條城市綠帶，開啟更多元化的發展，整座城市就此開展一場大規模的空間改造——軸線翻轉。

因此，綠園道的設置，除了有效消除鐵路沿線兩側地區發展阻礙，也帶動鐵路沿線周邊土地整合利用，產生交通、生態與綠建築環境等諸多效益，大幅提升高雄都市景觀意象；市政府也藉由城市空間的改造，拉近了市民

與城市間的距離。綠園道不僅提供城市最需要的大片綠地，更給予市民廣大的休憩、展演空間，從高空俯瞰高雄，除了湛藍的愛河流動，未來還有綠色樹河相互輝映，也成為城市美學展現的最佳舞臺，張開雙臂歡迎遊客到來。

重新定錨、開創新時代

2018 年（民國 107 年）10 月 13 日，高雄鐵路地下化第一階段完成啟用，隔日鐵路切換至地下車站。2019 年 2 月起高雄市政府率先拆除連結美術館園區與內惟的青海陸橋，接續是中華地下道回填、自立陸橋、大順陸橋等陸橋拆除。消除鐵道沿線的立體交通設施，有助於鐵道兩側區域的發展及重合。2020 年 3 月回填中華地下道後，高雄市區內僅剩中博高架橋、跨越愛河的九如陸橋、民族陸橋及左營高架橋。

2021 年 2 月 27 日，中博高架橋拆除後，開始倒數帝冠式車站回到永久位置的日子。同年 7 月 26 日，交通部鐵道局啟動車站站體遷回工程，工程分為頂升、挪移、卸降三階段，先將車站主體頂升 3.94 公尺後，再北移 4.8公尺，接著向西平移 57.86 公尺，最後定址於中山與博愛路交界的永久位置上。當帝冠式車站慢慢遷回城市中軸線，許多高雄市民又是驚呼、又是感慨，睽違多年，老車站終於又回到了原本的位置，似乎讓高雄市民重新找到往昔的青春與悸動，如同穿梭回 19 年前那段朝氣蓬勃的歲月。2021

位於原高雄機務段檢車段之園道。（高雄市政府工務局提供）

園道保留有舊左營站的島式月臺及雨棚架。
（高雄市政府工務局提供）

年9月26日，高雄市政府舉辦重回中軸線儀式，在時任總統蔡英文、行政院長陳菊、市長陳其邁等人的見證下正式宣告高雄帝冠式車站完成「回家」的旅程。

高雄，何其有幸，能在等待19年後，重新迎回城市的昔日地景與記憶。隨著鐵路地下化工程、立體橋梁的拆除、綠園道的建設陸續完工，第五代高雄車站的整體工程已進入最後一哩路，預計於2025年全部完工，迎來全新的城市入口意象，屆時將以帝冠式車站作為車站入口，恢復站體往昔的機能。新車站除了提升服務品質外，更期許能成為城市新地標，圍繞車站的生態公園，搭配15公里長的綠園道及自行車道，將成為「都市生態綠島」，讓高雄市民及旅客都能在這片綠地中感受大自然的擁抱，讓海風貫穿整座都市，見證永續宜居的高雄。

園道除保留車道外，亦留有行人、自行車道，可作為市民休憩的空間。（高雄市政府工務局提供）

位於高速公路下方，工務局刻意為園道打造鐵道記憶主題。（高雄市政府工務局提供）

位於鳳山側，以「舊城砲台意象」為主題的園道公園。（高雄市政府工務局提供）

鳳山園道一景。（高雄市政府工務局提供）

高雄車站二次遷移時，正在進行遷移的過程，後方正在施工的為
商業及辦公大樓。（謝明勳提供）

2021 年 9 月 26 日在總統蔡英文、前市長陳菊、時任市長
陳其邁等人的見證下，高雄帝冠式車站返回城市中軸線。
（謝明勳提供）

2021 年 8 月帝冠式車站二次遷移啟動前，遷移典禮復刻近
20 年前的儀式，象徵傳承記憶。（謝明勳提供）

情牽一甲子的清水組

10 個天干年加上 12 個地支年配對完一輪是 60 年。60 年大概占去許多人大半的光陰,是一段不短的歲月。夫妻結褵 60 年會被稱作「鑽石婚」,象徵情感堅貞。1941 年,清水組完成高雄帝冠式車站的興建;時過一甲子,2002 年,因進行高雄市區鐵路地下化工程及高雄捷運紅線工程需要,第三代高雄車站功成身退,為讓臺灣唯一的帝冠式車站建築能夠永續保存,必須先遷移站體予以改裝修補,等到地下化工程完工後配合遷回。這保存遷移工作,因緣際會的由清水組後身清水建設在臺灣的現地法人公司承攬,也使遷移保存工作更具歷史傳承意義。清水建設是日本五大建設公司之一,成立至今已超過 200 年,這間歷史悠久又與第三代高雄車站情牽一甲子的公司,值得我們好好認識。

清水組的崛起

清水組的創辦人為清水喜助(1783-1859),江戶時代越中國人(位於今富山縣),因對建築有興趣,甘願拋棄家業繼承權遠赴宇都宮參與日光廟修築。1804 年(文化元年),來到東京神田鍛冶町以木匠為業,並用「清水屋」為家號,接受木工委託工作(清水組便以該年作為會社創立的年代)。1838 年(天保 9 年),清水屋受江戶幕府之命參加江戶城西之丸部分工程營造工作,奠定事業基礎。1849 年(嘉永 2 年),再銜命負責高田穴八幡宮隨身門建設工作,清水屋的名氣逐漸開展。

清水組創立者清水喜助。(《会社案内》)

高田穴八幡宮隨身門工程，讓清水屋名氣逐漸開展。（《会社案內》）

第二代店主清水喜助。（《会社案內》）

1859年（安政6年）橫濱開場，開始不斷往返橫濱，承接官方相關工程。

同年（1859），清水喜助去世，養子藤澤清七（1815-1881）襲「清水喜助」名號及「清水屋」家號繼續經營。在繼承清水屋前，橫濱支店的工作是由藤澤清七負責，期間積極習得西洋風格建築技術。藤澤成為第二代清水喜助後，開創出被稱為「清水式」的和洋折衷式建築，並開始接受外國人委託興建洋館，家業持續壯大。1868年（慶應4年），建造出號稱日本最初的正宗洋式

築地旅館。（《明治大正建築寫真聚覽》）

1872 年竣工的三井組ハウス。
（《明治大正建築寫真聚覽》）

1874 年完工的為替バンク三井組。（《明治大正建築寫真聚覽》）

旅館築地旅館，因而聲名大噪。清水喜助的專業受到三井財團三野村利左衛門肯定，三井家接連委託清水屋興建三井組ハウス（完工兩個月後讓渡給第一國立銀行）、為替バンク三井組（今三井銀行前身）兩項重要建築工程，雙雙贏得好評，再得到大實業家子爵澀澤榮一的賞識。擁有兩個重量級家族的背書後，清水屋的基礎更加穩固。

第三代店主清水滿之助。（《会社案內》）

清水屋顧問、大實業家澀澤榮一。（《会社案內》）

1881 年（明治 14 年），第二代清水喜助去世，由女婿清水滿之助（1853-1887）繼承家業為第三代店主。清水滿之助持續擴大事業規模，確立職責分工。1884 年在東京設立貯木場和木材切組場（今東京木工場）；1886 年設立製圖場，並聘用工部大學校畢業的坂本復經任製圖場首任技師長，促成清水屋引進近代化管理經營制度。

1887 年（明治 20 年），清水滿之助驟逝，由年僅 10 歲的長男喜三郎（1877-1929）襲「滿之助」名，成為第四代店主，實際店務由未亡人梅子統領。梅子遵照清水滿之助遺命，聘請澀澤榮一擔任顧問，諸事皆問之，並且拔擢親戚原林之助為支配人（經理）。在澀澤等人協助下，清水屋事業版圖擴大到名古屋、關西、九州、朝鮮半島及臺灣；同時，事業也由個人經營逐漸改為組織經營模式。

1915 年（大正 4 年）10 月，清水屋從獨資經營改組為合資會社清水組；1937 年（昭和 12 年），再改組為株式會社，逐漸確立在日本建築界的領導地位，戰前大正、昭和年間許多著名建築，均出自清水組，如東京大學的安田講堂即是其中傑作。處於日本統治下的臺灣，自也可看到清水組的作品。

1884 年興建的貯木場和木材切組場。（《会社案內》）

2 8 5

清 水 組 本 店

正面図　　　　　　　　側面図

6

1914 年竣工的清水組東京本店。（《会社案內》）

1925 年完工的東京大學安田講堂，是清水組的代表作之一。（《明治大正建築寫真聚覽》）

1930 年代的清水組本店。（《明治大正建築寫真聚覽》）

臺灣及高雄進出

清水組與臺灣淵源甚早，1899 年（明治 32 年）尚於清水屋時期，就曾受軍方委託，來臺承包澎湖隱見式砲臺工程，不過砲臺在次年完工後，人員即撤回日本，未留在臺灣發展。

1920 年代後期，改組為合資會社後的清水組再受臺灣軍經理部委託來臺，進行 4 件陸軍飛行第八聯隊相關建築營造工程，同時兼受高雄州委託，從事 1 件屏東街營造工程。在這期間，清水組曾短暫在臺北設立出張所，作為與業主聯絡的據點，1928 年（昭和 3 年）5 月工作結束後，出張所即撤除。簡單來說，1930 年之前，清水組在臺灣案件並不多，且大多數是軍方委託案，臺灣並非當時清水組發展的重點。

明治生命保險會社臺北出張所，是清水組打造的地標性建築之一。（本館提供）

日本鋁株式會社位於笒雅寮的高雄工場事務所。（《工事年鑑昭和十二年版》）

東洋製罐株式會社位於三塊厝的高雄工場。（《工事年鑑昭和十二年版》）

昭和初年，日本受到經濟大恐慌波及而面臨不景氣，清水組決定以擴充海外營運網作為因應的策略之一。1930 年 8 月，清水組重新在臺北市表町設立臺灣出張所（位置在今開封街一段近館前路口），積極開展在臺事業。在 1937 年會社改組之前，清水組承接的工程多數位於北部，其中 1937 年完工的明治生命保險會社臺北出張所建築（舊址位於今館前路崇德大樓），是第一件自行設計兼施工的工程，也是代表性建築之一；建築形式為純西方「近代復興式」，高 3 層樓，附有亭仔腳，還裝設自動式電梯，是臺北車站附近地標性的現代建築之一。在高雄工程則有兩件，分別是為東洋製罐株式會社興建高雄工場，以及為日本鋁（アルミニウム）株式會社興建高雄工場事務所。1936 年 2 月，清水組臺灣出張所由於業績亮眼，升格為臺灣支店。

1930 年代後期，日本積極推行南進政策。1937 年 4 月，清水組選擇在南進據點高雄設立臺灣支店高雄出張所；7 月，日中戰爭爆發，日本及其殖民地正式進入戰爭體制；8 月，清水組改組為株式會社。配合日本南進國策是戰爭體制下許多日本會社難以推卸的任務，清水組也不例外，此時高雄出張所成為重要的角色。

鐵道部設計的第三代高雄車站帝冠式建築，是清水組改組為株式會社後在臺灣的第一個工程案，不僅車站本體，還包括火車站地下道和機關車庫新建工程，都出自清水組。此外，高雄另一個帝冠式建築代表高雄市役所（今高雄市立歷史博物館）廳舍工程，以及高雄市役所前由木橋改為水泥橋的第二代大橋改建工程（今中正橋），同樣是由清水組負責營造。

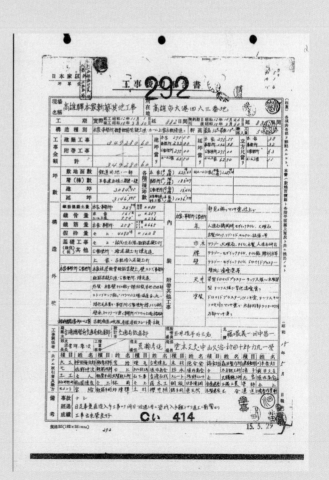

清水組的高雄車站竣工報告書。（本館提供）

第三代高雄車站的機關庫，也是由清水組建造。（本館提供）

清水組興建的第三代高雄車站地下道。（本館提供）

高雄市役所是高雄另一個帝冠式建築代表,亦由清水組興建。（本館提供）

高雄市役所前的第二代大橋（中正橋），是由清水組從木橋改建為水泥橋。（本館提供）

清水組興建、位於戲獅甲的日本鋁株式會社高雄工場。（本館提供）

日治末期清水組為淺野水泥增建廠房，擴大生產規模。（本館提供）

為配合南進政策軍需工業需要，日本當局將高雄市區南側規劃為戲獅甲工業地帶，引進8家會社在戲獅甲和草衙設立工廠。其中臺灣畜產興業、日本鋁及南日本化學等3家株式會社工場及相關設施皆是由清水組興建。另較早設立在壽山山腳的淺野水泥株式會社，其擴大工場生產規模的3項工程，亦由清水組承包。

高雄作為日本政府南進的前進基地，軍方在此大興土木，清水組同樣沒有缺席——如鳳山的兵器庫、格納庫兵器修理工廠、地下油槽，以及高雄市的火藥庫和輕油庫工程等，均由清水組承攬。

不僅如此，清水組臺灣支店還配合軍部及臺灣拓殖等多家會社，前進南中國廣東、海南島等地，興築各種不同的軍事及產業建設，並在廣東設立出張所。不過，這一切都隨著1945年8月15日日本宣告戰敗而結束。

日治末期戲獅甲、草衙重工業帶工廠分布圖。（中央研究院臺灣百年歷史地圖網站）

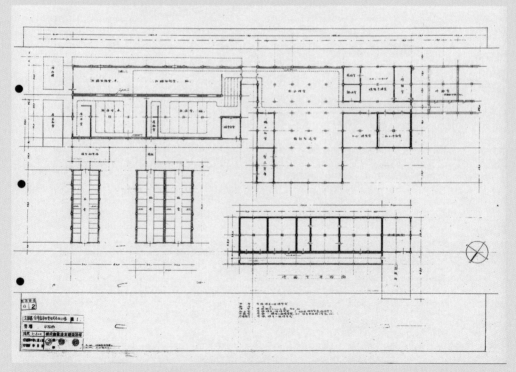

清水組興建臺灣畜產興業會社高雄工場的設計圖。（本館提供）

戰後重回臺灣

二戰後，清水組隨日本戰敗而撤出臺灣。1948 年（昭和 23 年），清水組更名為清水建設，繼續在日本建築界發展，並與大成建設、鹿島建設、竹中工務店、大林組名列日本五大建設企業。

1986 年（民國 75 年），清水建設重回臺灣發展，設立臺北辦事處；1993 年，臺北辦事處升格為臺北分公司。1999 年 9 月，臺灣發生九二一大地震，7天後，兩名清水建設工程師突然造訪高雄市立歷史博物館，想了解 60 年前公司建造的高雄市役所建築有無受損。或許是如此超乎標準的售後服務精神，讓清水建設得以令人放心交付 3 年後的高雄帝冠式車站遷移保存工程。這情牽一甲子的因緣，為臺、日兩國的歷史羈絆下了一個註解。

60 年後清水建設再度擔負起高雄車站遷移保存工程。（本館提供）

高雄帝冠式車站
大事記

1899	11	08	總督府鐵道部成立，民政長官後藤新平兼部長，長谷川謹介為技師長。
1900	11	28	縱貫鐵道南部線，打狗至臺南正式通車。
1907	04	01	鐵道部開始經營鳳山經打狗停車場至哨船頭之輕便鐵道。
1907	09	30	打狗停車場前鹽埕埔至鳳山輕便軌道營運廢止。
1907	10	01	打狗至九曲堂之鳳山線鐵道通車。
1908	09	15	打狗停車場往南遷移至鐵道部埋立地設立第二代車站。
1908	10	24	縱貫鐵道全線通車，並於臺中公園舉辦通車儀式。
1909	08	01	打狗停車場開賣月臺票。
1910	02	01	打狗停車場開辦電報業務。
1913	12	20	鳳山線開通至阿緱街（今屏東市），改稱阿緱線。
1920	10	01	打狗停車場更名為高雄停車場。

1923 04 21　裕仁皇太子搭乘專用列車抵達高雄驛，於後二日在高雄州內巡視。

1937 11 01　高雄新驛（第三代）正式動工興建，由鐵道部設計，清水組負責施造。

1937 12 15　高雄新驛舉辦「地鎮祭」。

1940 03 30　高雄新驛完工。

1941 06 20　高雄新驛落成啟用。新驛以客運業務為主，原高雄驛改稱「高雄港驛」，以辦理貨運為主。

1945 08 15　日本宣布無條件投降，臺灣政權更迭。

1945 11 01　臺灣省行政長官公署交通處正式成立，並派陳清文擔任鐵路管理委員會主任委員、華澤鈞為高雄辦事處處長。

1947 03 05　高雄車站軍駐守憲兵與高雄中學學生談判失敗爆發駁火，雄中校友顏再策中槍身亡。

1947 03 06　駐守鳳山整編二十一師獨立團第三營進攻高雄車站，造成多人死亡。

1947 04 14　被指為二二八事件禍首的呂見發、呂見利兄弟於高雄車站前廣場遭槍決。

1971 10 31　高雄後火車站與第四月臺啟用

1979 07 01　縱貫線鐵路電氣化完工通車，於高雄車站內舉辦通車典禮。同日，高雄市升格為院轄市。

1987　10　10　串接中山路與博愛路的中山地下道通車。

2001　06　09　高雄車站地下化先期工程展開。

2002　03　27　第三代高雄帝冠式車站正式熄燈。隔日車站遷移至臨時站。

2002　08　16　高雄車站遷移工程展開，同月 29 日遷移完工。

2003　05　05　中博高架橋通車，取代跨越車站的中博地下道。

2003　08　29　帝冠式車站遷移，規劃設置願景館，今日揭幕。

2006　10　29　「台鐵捷運化——高雄市區鐵路地下化計畫」工程於鼓山站舉行開工典禮。

2008　03　09　配合高雄捷運紅線通車，捷運高雄車站臨時站通車啟用。

2018　02　07　站前公車站拆除。

2018　09　15　捷運高雄車站切換至永久月臺營運。

2018　10　13　高雄車站臨時站及平面月臺層、鐵軌走入歷史，隔日鐵道切換至地下永久站。

2019　04　01　高雄車站臨時站前站（建國路）拆除完畢。

2019　08　05　高雄車站臨時站後站（九如路）拆除完畢。

2021　02　27　中博高架橋功成身退，開始拆除引道。

2021	03	08	站西路開放通行。
2021	07	26	高雄車站進行返回原有城市中軸線上的二次遷移工程。
2021	09	18	高雄車站二次遷移工程完成。
2021	09	26	高雄帝冠式車站舉行重返永久位址典禮。
2022	10	29	站東路開放通行。

延伸閱讀

交通部鐵路改建工程局，《高雄車站既有前站帝冠式建築物保留及遷移工程紀念文集》，臺北：交通部鐵路改建工程局，2003。

交通部鐵路改建工程局，《中博臨時高架橋工程紀念文集》，臺北：交通部鐵路改建工程局，2004。

杜劍鋒，《高雄火車站今昔》，高雄：高雄市文獻委員會，2001。

莊天賜、莊建華合著，《大高雄歷史常設展展覽專刊》，高雄，高雄市立歷史博物館，2022。

許玲齡，《繁華落盡話三塊厝火車站》，高雄：高雄市政府文化局，2007。

陳家豪，《從臺車到巴士：百年臺灣地方交通史》，臺北：左岸文化，2020。

楊王姿、張守真，《高雄港開發史》，高雄：高雄市文獻委員會，2008。

楊玉姿，〈1941 年的高雄驛歷史紀要〉，《高雄文獻》第 11 卷 2 期（頁 168-184），2021.12。

臺灣總督府鐵道部，古育民譯，《新編臺灣鐵道史全文譯本》，臺北：編者國家鐵道博物館籌備處，1910；2022。

蔡侑樺，〈由《高雄驛本家新築其他成工圖》認識高雄火車站〉，《高雄文獻》第 11 卷 2 期（頁 7-45），2021.12。

蔡龍保，《推動時代的巨輪——日治中期的臺灣國有鐵路 1910-1936》，臺北：臺灣古籍出版社，2004。

鄭銘彰，〈帝冠式建築 JR 奈良驛遷移過程概要〉，《高雄文獻》第 11 卷 2 期（頁 185-190），2021.12。

謝明勳總編輯，《台鐵機關車 110 年》，臺北：中華民國鐵道文化協會，1996。

謝明勳，《大公陸橋保存調查紀錄》，高雄：高雄市政府文化局，2012。

謝明勳，《打狗驛站百年物語》，高雄：高雄市歷史博物館，2012。

謝明勳，《從臨港線到水岸輕軌》，高雄：高雄市立歷史博物館，2015。

謝明勳，〈高雄車站帝冠式建築遷移保存紀實〉，《高雄文獻》第 11 卷 2 期（頁 150-167），2021.12。

謝明勳，《新驛境・鐵道記憶：高雄車站遷移及鐵路地下化紀念影像集》，高雄：高雄市立歷史博物館，2022。

高雄文史采風第 24 種

驛遊未盡——
高雄車站百年物語

國家圖書館出版品預行編目（CIP）資料

驛遊未盡：高雄車站百年物語 = A century story of Kaohsiung Station/ 莊建華、莊天賜著 -- 初版 . -- 高雄市：行政法人高雄市立歷史博物館，巨流圖書股份有限公司 ,2023.11

160 面；17×23 公分 . -- (高雄文史采風；第 24 種)
ISBN 978-626-7171-74-5（平裝）
1.CST：鐵路史 2.CST：鐵路車站 3.CST：高雄市

557.26339 112018736

作者	莊建華、莊天賜
發行人	李旭騏
策劃督導	王舒瑩
策劃執行	莊建華、蔡沐恩
審查委員	王御風、謝明勳

指導單位	文化部、高雄市政府文化局
出版單位	行政法人高雄市立歷史博物館
地址	803003 高雄市鹽埕區中正四路 272 號
電話	07-531-2560
傳真	07-531-5861
網址	http://www.khm.org.tw

共同出版	巨流圖書股份有限公司
地址	802019 高雄市苓雅區五福一路 57 號 2 樓之 2
電話	07-223-6780
傳真	07-223-3073
網址	http://www.liwen.com.tw
郵政劃撥	01002323 巨流圖書股份有限公司
法律顧問	林廷隆律師

責任編輯	鍾宛君
美術編輯	LucAce workshop. 盧卡斯工作室
封面設計	LucAce workshop. 盧卡斯工作室
插畫繪製	吳奕居

出版日期	2023 年 11 月初版一刷
定價	新臺幣 400 元整
ISBN	978-626-7171-74-5（平裝）
GPN	1011201581

本書為文化部「112 年度博物館及地方文化館升級計畫——書寫城市歷史核心——地方文化館提升計畫」經費補助出版